WRITING MAKES LIFE MORE POSSIBLE

终身写作

让人生有更多可能

陆林叶 —— 编著

清华大学出版社
北京

内 容 简 介

本书系统阐述了有关写作的理念、思维和方法论，内容包括写作认知、观点打磨、框架思维、内容填充、故事能力、写稿改稿、刻意练习、写作变现、终身写作。书中运用了大量案例来解读写作的每一个环节，因此这既是一本写作入门手册，也是一本写作实战书，可助力读者养成终身写作习惯，通过写作大幅度提升自己的职场核心竞争力。

本书适合想要系统提升写作能力，通过写作培养核心竞争力，打造个人品牌的职场人士（特别是教育培训人员、新媒体从业人员）、创业者、在校学生等读者群体。读者根据书中内容，系统学习和训练，一定能够提升写作综合能力，创造出更多优质内容。

本书封面贴有清华大学出版社防伪标签，无标签者不得销售。

版权所有，侵权必究。举报：010-62782989，beiqinquan@tup.tsinghua.edu.cn。

图书在版编目（CIP）数据

终身写作：让人生有更多可能 / 陆林叶编著 . —北京：清华大学出版社，2021.7
（2024.5 重印）
（新时代·职场新技能）
ISBN 978-7-302-56786-8

Ⅰ. ①终… Ⅱ. ①陆… Ⅲ. ①写作学 Ⅳ. ① H05

中国版本图书馆 CIP 数据核字 (2020) 第 218636 号

责任编辑： 刘　洋
封面设计： 徐　超
版式设计： 方加青
责任校对： 王凤芝
责任印制： 沈　露

出版发行：清华大学出版社
　　网　　址：https://www.tup.com.cn, https://www.wqxuetang.com
　　地　　址：北京清华大学学研大厦 A 座　　邮　编：100084
　　社 总 机：010-83470000　　　　　　　　邮　购：010-62786544
　　投稿与读者服务：010-62776969, c-service@tup.tsinghua.edu.cn
　　质 量 反 馈：010-62772015, zhiliang@tup.tsinghua.edu.cn
印 装 者：三河市东方印刷有限公司
经　　销：全国新华书店
开　　本：148mm×210mm　　印　张：8.375　　字　数：186 千字
版　　次：2021 年 7 月第 1 版　　印　次：2024 年 5 月第10次印刷
定　　价：69.00 元

产品编号：087861-01

自序 Preface

2015年10月20日,我在苏州的出租屋里写下了30岁之前要实现的20个人生目标,其中一个目标是:30岁之前,编写并出版一本自己的书。

可能是大学时人物传记看多了,所以就冒出了出书的念头,希望记录自己一路的艰苦奋斗历程,给自己一些警醒和激励,也算是到了30岁,给自己交个差。

2015年12月,朋友给我推荐了公众号"罗辑思维",当时它的粉丝已达600万人。看到罗胖每天坚持60秒语音,而且还通过自媒体内容来卖书,我仿佛看到了未来的诸多可能性,心中很是兴奋。

这个世界真的很奇妙,只要你敢想,敢付诸行动,它就会给你回馈。

仅仅过去两年半,到2018年,那一年,我28岁,毕业5年多,实现了很多职业人5年要完成的小目标:从月薪2000元到年入50万。这对我来说,是一个不错的开始。到现在,我已经拥有自己的团队,并且向着更大的目标前进。

这一切并不容易。2013年6月,我大学毕业,被分配到昆明,从月薪2000元的工程造价员干起。半年后,我离职来到上海,在一家培训公司做电话销售,苦熬了5个月,其间特别迷茫和焦虑。之后一个偶然的机缘,我又转型做了英语老师。

这一干就是整整三年。然后,我遇到了瓶颈。摆在我面前的有两条路,要么当网红老师,要么筹划做一家线下机构。

就在我左右摇摆时,写作改变了我。

通过写作我完成了职业转型，当时没有意识到这会带来多大的改变，但事实上这次转型成为我职业生涯的一个关键转折点，从此，我决定将写作这项事业进行到底。

2017年5月，我开始做写作付费专栏，半年时间做出了上万人付费的写作专栏，积累了不错的势能。

2017年11月，我开始做写作付费社群，并搭建线上写作训练营。至今，已经开办几十期写作训练营，累计培训学员数千人。

2018年1月，我尝试做线下写作私房课，搭建写作高端私密圈子，最高级的圈子收费每人1万元，线下写作私房课到目前为止做了近10期。

2018年10月，我进入头条写作，不到两个月，做了近1万粉丝，经过半年多已积累粉丝5万多人，并开启职业写手培训计划。

2018年12月，我第一次开设线上年度写作大课，听课人数达3600多人。我搭建了写作三六五平台，孵化优秀写作者和签约作者，帮助学员开启写作副业之路。

2019年，我搭建了写作团队，同时写作三六五平台搭建线上写作系统，成立会员制体系，带领更多人写作，帮助他们打造个人品牌，用写作放大个人商业价值。

这一切来得不容易，回想第一份工作的工资一个月只有2000元，到现在搭建了写作三六五平台，带给我这一系列改变的核心竞争力，就是写作能力。

正因如此，我才一直极力推广写作，希望更多人因为学会写作而受益终身。

2017年至今，近3年时间，我写了200多万字。我发现，写作不仅仅是做自媒体的必备技能，还是普通人需要掌握的底层能力，每个人都应该学会写作，写作是这个时代性价比最高的自我投资。

为什么这么说呢？下面我从三个重要的维度分享写作带给我的收获。

1. 写作让我保持自律和自信

从 2016 年 4 月 1 日到现在，我早起的第一件事就是写作，这种自律，是写作带给我的。

我经常在微信公众号和朋友圈看到关于自律的文章，还有每天早起打卡的各种活动，我跟社群的伙伴说，要保持自律，很简单，就是养成早起写作的习惯。仅这一个习惯，就可以打败身边 99% 的人，这种竞争优势真的很明显。

很多学员之所以报写作课或训练营，就是因为看到我每天早上准时发布分享内容，365 天从不间断。

由于每天写作，很多人看到我写的内容就会点赞，甚至留言，看似是我自己一直在分享，其实，我也收到了来自他们的赋能和正向反馈，这无疑给予我更多的信心和能量。

有人问我："每天写作累不累啊？"

我回答："累，但信心更足了。"

自律会带来自信，他人的赋能也会带来自信，特别是这种持续的外部正向反馈，会激励你一直写下去，而且越写越好。夸你的人多了，信心就更强了，还有什么比信心更重要的呢。

2. 写作是倒逼我成长的最佳方式

我一直强调：高质量的输出倒逼输入和思考，写作是倒逼成长的最佳方式。

写作者经常会遇到一个窘境，就是：今天要写什么？

我每天早上醒来，也会面对这个问题，那怎么办？

答案很简单：输入和思考。

我会看一些文章或者书籍，找一下思路和灵感，然后思考里面的内容，这样几个回合下来，写的内容就有了，写作倒逼着自己输入和思考，这让我享受到了成长带来的红利。

你想想，如果你不输入，不思考，就没东西可写了，人是善于偷懒的，每天偷懒一点点，365天，你跟别人就是天壤之别啊，这是多么可怕的事情，很多人还浑然不知！

我是做培训的，经常关注一些学员的成长，从哪里关注呢？

就从他的文字里。持续写作的人，他的思考更加深入，阅读的书籍更多，见识更广，那么他的成长就更快，也更容易做出成绩来。

因此，用输出倒逼输入，用高质量输出倒逼成长，写作绝对是加速个人成长的最佳方式。

3. 写作带给我复利，增强信任影响力

很多人认为写作只是获取稿费，获取打赏，甚至是赚广告的钱，这种理解太狭隘。

写作的复利是很多人看不到的，单从写作本身看，它可以提高收入、结识朋友、增强能力，还可以增强自己的能量，吸引更多优质人脉。

在《财富自由之路》这本书中，李笑来提到个人商业模式分为三种：

第一种，同一份时间出售一次；

第二种，同一份时间出售多次；

第三种，购买他人时间再出售。

写作带给我们的是第二种个人商业模式。一篇好的文章，

你发布出来之后，可以有很多人阅读，在时间维度上带来复利式效应；同时，你还可以把它做成课件，在社群做分享，做成录音课程，享受二次复利；再者，你写成书，进行售卖，带来第三次复利，写作的复利效应超乎你的想象！

我是写作的巨大受益者，因为持续写作带来的是信任影响力的积累，很多读者持续关注我写的内容，给予我深度的信任，只要我推出有价值的产品，他们就会来购买，信任影响力产生了价值。

那到底什么是信任影响力？

信任影响力，就是有多少人了解你、信任你，并且你能触达他们。

写作可以让你积累读者的信任，并且能够通过自媒体的传播触达他们，从而增强信任影响力。写作时间越长，信任影响力带来的复利也就越大。

因此，这个时代，每个人都要学习写作，用写作产生复利，增强信任影响力，创造属于自己的独特竞争力。

第1章 写作认知：
学写作，从正确认识写作开始

1.1 你究竟为什么要开始写作 / 2
    1.1.1 记录生活和改变 / 2
    1.1.2 提升精练表达力 / 3
    1.1.3 建立外部反馈力 / 4
    1.1.4 增强职场竞争力 / 4
    1.1.5 放大个人影响力 / 5

1.2 关于写作，我要给你提三条建议 / 6
    1.2.1 坐下来，开始写 / 7
    1.2.2 带有明确的目的去写作 / 8
    1.2.3 写作是双向沟通，而非单向沟通 / 10

1.3 提升写作能力的三个维度 / 11
    1.3.1 输入能力：入口思维 / 12
    1.3.2 思考能力：洞察思维 / 13
    1.3.3 输出能力：出口思维 / 15

1.4 跨入新媒体写作的三大要素 / 18
    1.4.1 想清楚变现方式 / 18
    1.4.2 不要太追求结果 / 19
    1.4.3 把写作当作修行 / 21

1.5 如何正确开启属于你的写作之路 / 22
    1.5.1 利用碎片化时间写作 / 23
    1.5.2 学会写复盘 / 24
    1.5.3 从一段话开始写起 / 24
    1.5.4 打造稳定的写作能力 / 25
    1.5.5 树立清晰的目标，克服拖延和质疑 / 26

第 2 章 观点打磨：
策划优质选题，拟定爆款标题

- 2.1 每个人都要有自己的观点 / 30
  - 2.1.1 你的角度就是你的观点 / 30
  - 2.1.2 所见所闻都有新的观点 / 31
  - 2.1.3 利用观点筛选受众人群 / 32
- 2.2 策划优质选题的四个技巧 / 33
  - 2.2.1 挖掘用户痛点 / 34
  - 2.2.2 巧借热点势能 / 36
  - 2.2.3 引发读者共鸣 / 37
  - 2.2.4 刷新用户认知 / 38
- 2.3 切好角度赋能优质选题 / 40
  - 2.3.1 角度越新颖，越有穿透力 / 40
  - 2.3.2 角度越细小，越有说服力 / 42
  - 2.3.3 受众越明确，越有传播力 / 44
- 2.4 拟定优质标题的三大价值 / 45
  - 2.4.1 吸引读者注意 / 46
  - 2.4.2 传递核心价值 / 47
  - 2.4.3 筛选目标用户 / 48
- 2.5 如何写出吸引眼球的爆款标题 / 49
  - 2.5.1 引发读者的共鸣 / 50
  - 2.5.2 设置悬念，引发好奇 / 51
  - 2.5.3 向读者展示回报价值 / 52
  - 2.5.4 借最新热点，传递时效性 / 53

第 3 章 框架思维：
搭建文章骨架，打磨首尾价值

3.1 如何搭建文章逻辑框架 / 56
    3.1.1 确定核心观点 / 56
    3.1.2 搭建文章骨架 / 58
    3.1.3 填充整体内容 / 60

3.2 最常见的五种逻辑框架 / 62
    3.2.1 经典的问题式结构 / 62
    3.2.2 万能的总分总结构 / 63
    3.2.3 并列式结构 / 65
    3.2.4 递进式结构 / 66
    3.2.5 正反对比结构 / 67

3.3 如何写好开头俘获人心 / 69
    3.3.1 开门见山，明确价值 / 69
    3.3.2 设置悬念，激发好奇 / 71
    3.3.3 讲述故事，代入场景 / 72

3.4 如何写好结尾刺激转发 / 74
    3.4.1 总结要点，升华主题 / 75
    3.4.2 金句结尾，刺激转发 / 76
    3.4.3 情理之中，意料之外 / 78

3.5 打磨小标题的三个技巧 / 79
    3.5.1 学会提炼小标题 / 80
    3.5.2 依次完善小标题 / 81
    3.5.3 设置多级小标题 / 83

第 4 章　内容填充：
积累和搜索素材，搭建素材库

4.1　日常生活中积累素材的三种方法　/　90
  4.1.1　随时记录灵感和心得体悟　/　90
  4.1.2　随手摘抄和收藏重要内容　/　91
  4.1.3　用心观察和真实体验生活　/　93

4.2　日常搜索素材最重要的五个渠道　/　94
  4.2.1　四大门户网站　/　95
  4.2.2　垂直行业媒体　/　95
  4.2.3　优质自媒体号　/　96
  4.2.4　专业书籍和课程　/　96
  4.2.5　个人整理素材库　/　97

4.3　搜索优质素材的四个重要技巧　/　98
  4.3.1　耐心是最大的技巧　/　98
  4.3.2　多渠道搜索　/　99
  4.3.3　关键词搜索　/　100
  4.3.4　百度重要搜索技能　/　101

4.4　处理优质素材的三个重要方法　/　102
  4.4.1　总结归纳法　/　103
  4.4.2　主题叠加法　/　105
  4.4.3　逻辑推理法　/　107

4.5　如何搭建属于自己的素材库　/　109
  4.5.1　成功人物案例库　/　110
  4.5.2　生活经历故事库　/　110
  4.5.3　独特观点素材库　/　111

4.5.4 重要金句素材库 / 112
4.5.5 行业报告素材库 / 113
4.5.6 经典电影素材库 / 113

第 5 章 故事能力：
写好独家故事，增强阅读体验

5.1 每个人的故事，都是独一无二的 / 116
  5.1.1 最好的素材就是自己的经历 / 116
  5.1.2 用践行故事留住读者 / 118
  5.1.3 用自己的故事与他人深度链接 / 121
  5.1.4 不断迭代自己的故事 / 122

5.2 写故事要特别注意的四件事 / 123
  5.2.1 要有明确的主题 / 124
  5.2.2 情感要真实流露 / 124
  5.2.3 写故事的十字标准 / 125
  5.2.4 要相信读者反馈，避免自嗨 / 126

5.3 串联生活中的故事，写成优质文章 / 127
  5.3.1 用日记体写作，记录自己的故事 / 127
  5.3.2 用清单体写作，串联自己的想法 / 128
  5.3.3 用问答式写作，解答他人的困惑 / 129
  5.3.4 用访谈式写作，写好牛人的访谈 / 130

5.4 写好一篇逆袭故事，提高写作说服力 / 131
  5.4.1 逆袭故事的重点是什么 / 132
  5.4.2 逆袭故事的结构是什么 / 132

5.4.3 逆袭故事的情感和细节 / 133
5.4.4 写一篇自己逆袭的故事 / 134

5.5 每个人都要写一篇个人品牌故事 / 135
5.5.1 用个人品牌故事宣传自己 / 136
5.5.2 用个人品牌故事放大影响力 / 137
5.5.3 如何写好一篇个人品牌故事 / 138

第 6 章 写稿改稿：
完成胜于完美，改稿优化质量

6.1 如何克服拖延症，快速写完初稿 / 144
6.1.1 降低初稿预期，完成胜于完美 / 144
6.1.2 设置截止时间，倒逼自己输出 / 146
6.1.3 封闭式写作，集中式完成初稿 / 147

6.2 提升逻辑思考能力的三个技巧 / 148
6.2.1 没有归类，就谈不上逻辑 / 149
6.2.2 打磨逻辑框架，厘清内部关系 / 150
6.2.3 删减不相关的信息 / 152

6.3 让文章论证精彩的三个要素 / 153
6.3.1 观点要有用户视角 / 154
6.3.2 内容要足够丰富 / 155
6.3.3 案例足够有说服力 / 159

6.4 好文章绝对是改出来的 / 162
6.4.1 修改文章就是修改思想 / 163
6.4.2 通读全文，打磨整体框架 / 164

6.4.3　局部精准改文的三个关键点　/　165
6.5　设计文章版式，优化阅读体验　/　166
　　　6.5.1　版式设计的三个要点　/　167
　　　6.5.2　版式设计的具体规范　/　168

第 7 章　刻意练习：
夯实基础能力，稳定系统能力

7.1　学会拆解文章，夯实全局能力　/　172
　　　7.1.1　拆解主标题，了解文章价值　/　172
　　　7.1.2　拆解小标题，熟知整体框架　/　173
　　　7.1.3　拆解文章内容，分析内容精华　/　174
　　　7.1.4　每次拆解后，写下自己的思考　/　175
7.2　如何持续写出有价值的观点　/　176
　　　7.2.1　提炼出有价值的观点　/　177
　　　7.2.2　倒推原因，挖掘新观点　/　178
　　　7.2.3　逆向思考，反向挖掘　/　179
　　　7.2.4　确定关键词，头脑风暴　/　180
7.3　刻意练习写文的十字要诀　/　181
　　　7.3.1　简单：避免啰唆，语言简化　/　182
　　　7.3.2　精练：总结凝练，逻辑清晰　/　182
　　　7.3.3　流畅：文笔流畅，过渡自然　/　184
　　　7.3.4　有说服力：说服他人，激发行动　/　186
7.4　写出优质金句的四种方式　/　187
　　　7.4.1　造句式　/　188

7.4.2 压缩式 / 188

7.4.3 创作式 / 189

7.4.4 改写式 / 190

7.5 如何提升词汇使用技巧 / 191

7.5.1 多使用动词和名词 / 191

7.5.2 具象词汇增强画面感 / 192

7.5.3 同义词替换避免重复 / 194

第 8 章 写作变现：
建立传播思维，放大商业价值

8.1 理解新媒体的正确姿势是什么 / 198

8.1.1 为什么传播这么重要 / 198

8.1.2 确定你的传播定位 / 200

8.1.3 如何触达你的用户 / 201

8.2 如何选择平台放大写作商业价值 / 203

8.2.1 最有商业价值的四个写作平台 / 204

8.2.2 选择一个平台发挥最大价值 / 205

8.2.3 要么第一，要么唯一 / 206

8.3 实现写作变现的具体途径 / 207

8.3.1 投稿变现 / 209

8.3.2 广告变现 / 209

8.3.3 知识付费产品变现 / 211

8.3.4 写书变现 / 212

8.4 今日头条写作变现的九种途径 / 213

- 8.4.1 青云计划奖 / 213
- 8.4.2 广告收益 / 215
- 8.4.3 付费专栏 / 216
- 8.4.4 付费圈子 / 216
- 8.4.5 内容电商 / 217
- 8.4.6 悟空问答 / 218
- 8.4.7 用户赞赏 / 218
- 8.4.8 征文活动 / 219
- 8.4.9 引流变现 / 219

8.5 如何突破写作持续变现的瓶颈 / 220
- 8.5.1 建立写作的复利思维 / 221
- 8.5.2 洞察市场，扎实写作 / 222
- 8.5.3 建立稳定的写作系统 / 223

第 9 章 终身写作：
培养自己成为终身写作践行者

9.1 如何度过瓶颈期，打造持续输出力 / 226
- 9.1.1 解决心态问题 / 226
- 9.1.2 扩大涉猎范围 / 228
- 9.1.3 提升专注能力 / 229

9.2 培养自己成为终身写作践行者 / 230
- 9.2.1 定下写作中长期目标 / 231
- 9.2.2 让写作成为一种生活方式 / 231
- 9.2.3 让自己从写作中不断获益 / 232

  9.2.4 加入一个有温度的写作组织　/　**234**

  9.2.5 耐得住寂寞经得起诱惑　/　**235**

9.3 用写作打造个人品牌，增强个人影响力　/　**236**

  9.3.1 为什么要打造个人品牌　/　**236**

  9.3.2 如何有效打造个人品牌　/　**238**

  9.3.3 如何持续强化个人影响力　/　**242**

9.4 人人都要写一本书，开启终身写作之旅　/　**243**

  9.4.1 定一个写书的目标，加强写作内驱力　/　**244**

  9.4.2 人人都要写一本自己的书　/　**245**

  9.4.3 为写第一本书做些积累　/　**246**

  9.4.4 开启终身写作之旅，永葆创作热情　/　**247**

致谢　/　**249**

第 1 章 写作认知：学写作，从正确认识写作开始

一个人的认知高度决定了他的事业高度，写作也是如此。如果写作者都能建立正确的写作认知，我相信他的写作之路一定会更加顺畅。

很多人没有开始写作，或者是没有持续写作，就是因为对于写作没有一个正确而清晰的认识。如果每个开始写作的人，都能够提升写作认知，那么写作于他而言不是难或者不难，坚持还是放弃，而是要不要把写作当成终身习惯。因为不同的写作认知，最后呈现的结果截然不同。所以说，学写作，要从正确认识写作开始。

1.1 你究竟为什么要开始写作

在写作训练开始前,我通常会问新学员一个问题:你究竟为什么要开始写作?

如果学员知道写作的价值,并且目标清晰,那么他写作的动力就足,放弃的可能性就小,写出代表作品和做出成绩的概率就大。

从一个人开始写作,到一群人写作,再到带领一批人坚持写作,我明白写作对自己意味着什么,对于很多学员意味着什么,同时也明白哪些人会成为彼此写作路上长期的同行者。

多年的写作经历,让我挖掘了不少普通人开始写作的理由,经过剖析,我认为以下五点最为重要。

1.1.1 记录生活和改变

大多数人认为只有以写作为生的人才需要学习这门技能,这种想法是不对的。

我初学写作,想法很简单,就是为了记录生活和改变。

2014年7月,刚开始写作时,我是以记日记的形式来完成的,内容大多数为自己一天的生活和后期的目标,极其简单。当时,根本没想着未来要做自媒体,甚至还要靠写作为生。

那时,每天的输出量在300~600字,想到什么就写什么,虽然有时候写得自己也看不下去,但依然坚持写。

后来,进入写作领域,才知道这种方式叫作"自由写作"。写法很简单,就是任凭思绪、抛开框架、自由书写,写下那一刻内心最真实的想法。

回看自己5年多的写作历程,发现很多内容只是单纯地记录生活和改变，里面的很多故事至今在聊天时都会提起。我很喜欢这样的记录，通过写作记忆更加深刻，同时也能看到自己一路的成长与蜕变，这种感觉极好。

我觉得每个人都要做这些记录，因为每个人都是独一无二的，那么每个人的经历也是独一无二的，写下来，传播出去，自然会影响和感染他人。

1.1.2 提升精练表达力

从 2016 年 4 月至今，我每天都在做同一件事：写精练分享。这到底有什么用？

我的答案：提升精练表达力。

大多数人说话时要么太啰唆，要么说不到重点，关键因素在哪里？

就是缺乏精练表达能力的训练。

写精练分享可以完善这方面能力。对于写精练分享，我有十字标准：简单、精练、流畅、有说服力。

一篇短的精练分享一般 100～200 字，写出来既能让人看懂，还能让人有所感悟。

举一篇我写的精练分享的例子。

> 创业虽是少数人的事情，但大多数人应该有创业的心态。创业要面对很多不确定性，就需要自己保持乐观、向上、强大、容忍、坚定和持续，这些都极其有利于完善自我、锻造自己、富足自我。

好的分享，可以看出写作者的高度、深度、广度和温度。

擅长写精练分享的人,也一定是表达的高手。

1.1.3 建立外部反馈力

一个人快速成长,很重要的方式:保持被碾压。

你在这个圈子里做老大,跳到一个更高端的圈子,很可能就是小弟。要保持被碾压的心态和行为,你才可能持续高效成长,所以你要找到外部反馈力。

大部分人成长慢,就是因为一直躲在舒适区,没有建立外部反馈力,如:见牛人,换圈子等。因此,视野狭窄、圈子闭塞、成长缓慢。

我以前也不注重外部压力和反馈,后来发现自己的成绩上不去,赶紧做调整。

拿写作来说,我大概有一年多的时间一直处于私密写作状态,写的内容只放在文件夹里,基本不对外。当我发现写作水平进步缓慢时,做了调整,开始公开写作。没想到一个月的公开写作,比我一年多的私密写作进步还大。

从此,我深知外部压力和反馈的重要性,再也不私密写作了。通过公开写作,提升写作标准、了解读者需求、优化写作技巧。

外部反馈,绝对可以倒逼自己快速成长。

1.1.4 增强职场竞争力

经常有学员问我:"职场的晋升空间比较狭窄,如何才能增强职场竞争力?"

这时候,我一定会献出锦囊妙计:"学会写作,特别是公开写作,它一定是你在职场上保持竞争力的绝佳武器。"

为何如此?

在企业里,很多人视野很窄,因为他的圈子特别小。公开写作不但能建立与外部的连接,打开视野,增长见识,还能提升影响力,获得重要机会。

这样的例子,身边数不胜数。

比如,我之前就是一名英语老师,圈子就是英语的圈子,周边不是英语老师,就是一些18~28岁的学生。教学时间长了,明显感受到信息闭塞、视野狭窄、格局缩小。

为此,我找到了突破这一层面的途径:自媒体写作。就这一点,一下子打开了视野,接触到了更多的读者。我的人脉圈更广了,不再局限于单一的英语交流圈了,这无疑打破了自己的职业天花板。

职场上的诸多问题,归根到底,就是职场影响力不足。要解决这些问题,增强职场竞争力,最好的方式就是写作,写作可以让你的奋斗更见成效。

1.1.5 放大个人影响力

有人问我:"你为什么要坚持写作?"

我的回答很简单:"传递思想和价值,增强个人影响力。"

这个时代,最贵的不是黄金,也不是钻石,而是信任。信任的问题一解决,很多事情就可以迎刃而解。

因此,我们要做的就简单多了,凡能够增强信任的事情就要多做,而且要拼命做。

有人可能会跟你说:"不要写作了,写作太耗时间和精力了。"

这时候，你根本不用管别人，内心坚定地对自己说："这种事情你们都别做，让我来。"然后你就偷着乐吧。

以前，我也不懂，看到一些牛人在拼命写文，甚至日更，觉得这么费脑，这么累，他们怎么干得这么起劲。

后来想明白了，那是因为他们深深体会到了通过写作持续积累个人影响力的重要性。一旦人与人之间的信任度解决，只要你足够专业，他恰好需要，那么他一定会找你埋单，这就是个人影响力的威力。

现在不少人在做个人品牌，本质就是积累个人影响力，让自己的品牌更值钱，让自己在互联网上更有话语权。

最后，我想说，人与人最终拼的是影响力，你能影响多少人，你就有多大的价值。

1.2 关于写作，我要给你提三条建议

我们经常会在公众号翻阅别人的文章，好像很容易能够判断其好坏。但真正落实到自己的文字时，总觉得不够好，不够精彩。

我常年公开写作，尽管很用心地写每一篇文章，但收到的反馈不尽相同。有些明明花了两天才憋出来的文章，却反响平平；有些只用了一两小时写完的文章，却有很大的传播量。

对于这样的情况，一开始我也有很大的困扰，后来就释然了。只要用心来写每一篇文章，无论读者反馈如何，做好自己应该做的就好。

一些新手在刚开启写作之路时，也总会有思想上的困惑：到底怎么写，才能赢得读者的青睐，让他持久关注我？

在这里,我要给你提三条建议,让你正确开启写作之路,每一条都货真价实。

1.2.1 坐下来,开始写

我采访过不少的学员,问他们:"写作这么有价值,为什么不写?"

他们的回答很统一:"很难,不知道怎么写,内心害怕写作。"

其实,开启写作的第一步并不难,就是:坐下来,开始写。

我曾语重心长地对新学员说:"写多了,就不害怕了;写多了,就自然会写了;写多了,就不觉得难了。"

口号很简单:多写、多写、多写。

就像一个篮球运动员,他要成为专业的选手,秘诀只有一个:多投篮。投得多了,就磨炼出打篮球的技能了。

写作也是如此,多写,才能够打磨出写作技能。一开始,你或许写得很糟糕,甚至自己都看不下去,这时要赶紧从心里告诉自己:"不要紧,每个优秀的写作者都是这么过来的。"要学会从内心接纳自己"写得糟糕"这个事实,然后多写,快速度过入门期。

当然,也有人会因为别人的负面评价而放弃写作,这是很不明智的行为。很多人喜欢评价别人,但自己就是不写,如果你被他们的意见左右,那么真的会因为过分在意别人的评价而错失进阶的机会,此时不妨告诉自己:"没有人会一直批评你,笑话你。"

如果你真的不知道写什么,那就从自由写作开始,每天300～500字的输出。这会让你在写作这条路上走得更加顺畅。

一定要记住我的第一条重要建议：坐下来，开始写。

✐ 1.2.2 带有明确的目的去写作

公开写作不同于自由书写，不能想写什么就写什么。公开写作，更倾向于结果。

你要通过一篇文章达到什么目的，这是要追问自己的问题。写作目的不清晰，那么自然达不到你要的结果，如果是这样，写作就只是写作而已了。

有学员问我："写文最重要的是什么？"

我回答："你要通过写文达到什么目的？"

这种"以终为始"的思维最重要，这也往往是被很多新手忽略的问题。因为他们只关注文章写得好不好、能不能写出阅读量、有没有人愿意做分享，却没有深入思考终极目标。

那到底如何做呢？我想分享两个关键点。

1. 明确你写作的目的

我拿自己写的几篇文章作为案例，给你分析不同文章写作的目的有什么不同，也许你对公开写作会有更深的理解。

《写作是一种生命修行：七堂写作生命修行课（深度好文）》，这篇文章是我的一篇代表作，里面有我写作多年的经历和感悟。目的是让大家对于写作和我有一个全新的认识，同时也在筛选对我写作理念认同的读者。

《我观察了20年，这10条极简生活方式，真的可以改变你的气场》，这篇文章是传递思想和价值、建立认同感的，当然这篇文章的阅读量也很不错。

《写作三六五平台2020年会员正式公开招募：让写作成为一种生命修行》，这篇文章的目的很简单，就是筛选2020年写作同行者，组建写作会员群。

《2020年，我要践行的20条梦想清单》，这篇文章就是分享2020年的目标，写出来是为了给自己树立清晰的目标，以此带动自己的社群学员一起梳理新一年的目标。

我在自媒体写作初期吃过很多亏，就是因为没有明确写作的目的。只要生活中那些有趣的、好玩的、有感悟的，我都会拿来写，可想而知，最终的成绩铁定不会很好。

后来想明白了，在做写作付费专栏时，就认真写好每篇文章。做专栏的目的很简单，就是把内容做好、做扎实，让更多的用户能够参与进来。

这让我在做事时，通常会给自己一个指令："做这件事的核心目的是什么？"目的一旦明确，做事的效率就变高，结果也会变好。

2. 明确你的目标用户

在这一方面，我有不少的心得，就是因为走了很长时间的弯路。以前只会重视阅读量，却不了解目标用户是谁，结果阅读量还可以，但打赏量和付费用户不多。经营自媒体一定要明确这一点，这样你的号价值才会更高。

我有一个做自媒体的朋友，一直在个人公众号上写文。他很喜欢写短文，可以说是短小精悍，虽然阅读量不高，但用户黏性很不错，这是为什么呢？

因为他写的内容服务于目标用户，很多读者进过他的付费社群，知道他做事的风格，也信任他。即使他写短文和推广文，也有人愿意看，愿意转发传播。

如果要写一篇推广写作课的文章，那么你的目标读者就是那些想学习写作或者提升写作技巧的人。写文时，你就应该有清晰的用户画像在头脑里：他们是谁、多大年龄、什么职业、想要解决什么问题。只有你明确自己的目标读者是谁，才能够写到他们心坎里，转化更多的学员到你的社群中来。

✎ 1.2.3 写作是双向沟通，而非单向沟通

单向沟通与双向沟通最大的区别在于，前者只是一方有反应，而后者则是双方都要有互动和反馈，这是两种完全不同的沟通方式。

我意识到，写作最大的难点在于，你能不能在与千万读者沟通时，使自己的描述不被误解。这种能力背后体现的就是同理心和共情，优秀的写作者在这一点上都能做得很好。

举例，我们在微信上沟通时，如果单纯是文字，有时可能会被误解，原因在于没有声音，没有肢体语言，也没有表情。在这种情况下，一些重要信息，我们还得通过电话或者面对面来沟通，因为这样更容易建立双向沟通，更容易互动和接受反馈。

这两年，直播一下子流行起来，很多人成为主播，甚至是网红主播。我觉得不是每个人都能吃这碗饭的，这个职业除了工作强度超级大之外，还需要做到最大程度理解他人。作为主播，要感知到屏幕对面有人在跟你讲话，你要能调动读者的积极性与参与感，让大家自发来埋单。

写作也是如此。写作的难度在于你要理解读者，你能理解多少人，就有多少读者。这句话，我很是认同。

之前写过一篇外卖快递员的文章，此文获得了不少快递员

的留言,他们甚至在留言里谈到了自己的处境和薪水。这就意味着在写作中,成功建立了双向沟通,获得了读者的互动和反馈。更重要的是,你要把这些表达准确、清晰,以达到写这篇文章的目的。

对于刚开始写作的人,心态、目的、思维都要进行全面提升,只有这样你才能快速度过入门期,踏上终身写作之路。

1.3 提升写作能力的三个维度

这几年,我在写作培训的路上遇到过很多写作者,他们认为只要提升写作技巧,就可以提升写作能力。我心里默默回应:如果真的是这样,一定会有很多杰出的写作者,但现实并非如此。

原因在于,提升写作技巧和提升写作能力完全是两码事。写作新手更关注写作技巧的提升,比如遣词造句、逻辑梳理、寻找素材等。但真正的写作者一定会向内挖掘,他会深度思考,将不同事物关联起来思考。这个背后,就是认知。你的知识框架和认知水准决定了文章的高度和深度。

看一个人是否厉害,就看他能否把一系列概念串联在一起,形成网状思维。看一个写作者是否厉害,就看他能否把脑中建立起来的网状思维,通过文字线性表达出来。

同样写一个主题,有些人写得自己都看不下去,但有些人写出来,会得到读者由衷的夸赞,并且还会为他转发,这缘于写作者思考的高度和深度不同。因此,一个优秀的写作者一定非常关注自己的思考,而非停留在浅层写作技巧上。

我这几年举办写作培训,解答过学员很多的问题,也会从不同维度来指导他们。在我看来，写作能力提升只需要解决三个维度的问题，分别是：输入、思考、输出。

写了这么多年文章，接触了这么多的学员，越来越觉得"大道至简"这句话太有道理了。

如果你能够在这三个维度上得到很大的提升，那么写作能力的提升是很明显的，你的写作之路也会更加顺畅。

1.3.1 输入能力：入口思维

经常会被问到一个问题："老师，我不知道写什么了，该怎么办？"

这时候，我的回答很简单："扩大输入量。"

就像一瓶水，你一直在往外倒水，如果没有新的水进来，瓶中的水迟早会被倒干净。所以，要解决瓶中缺水的问题，最简单的就是往里面加水，加得越多，出水就越容易。

那对于输入有什么要求吗？我觉得最重要的在于以下两点。

1. 提高输入数量

一天看一本书，跟一个月看一本书有什么区别？

最大的区别是输入的密度不同，产生的结果也截然不同。我遇见过一天读 5 本书，一年读近 2000 本书的人，他的知识储量极其惊人。

如果你一年读 5 本书，一年后，跟他就是几百倍的差距，那 10 年呢？基本可以说，你再也赶不上他了。

2015 年，我在环球雅思教英语，做过一天读 3 本书的练习，一个月读了近 100 本英文书。那段时间，英语阅读能力快速提升，我的雅思口语教学水平也得到了很大的提升。

作家李欣频为了自己的创作，每年花 3 个月全球旅行，再花 6 个月阅读近千本书籍，观看上百部电影。因此，20 多年来，她每年都有新的作品出来。

作为一个写作者，一定要提高输入的数量，每天至少拿 1 小时阅读，只有输入量跟上来，输出才会变得更加轻松。

2. 提高输入质量

我有一个习惯，经常给社群的伙伴推荐一些经典书籍，因为我明白一个道理：高质量输入才能带动高质量输出。

以前看电影，只要好看就会去看。后来工作了，自己的时间越来越少，难得忙里偷闲去电影院。因此，对于电影的质量要求就很高，猫眼 9 分以下的，基本不会选择花时间看。

一旦选择一部评分不高的电影，你将投入两小时左右的时间，沉没成本极高。同样的时间，我都可以写一篇高质量的文章出来。

每个人都要培养一个习惯，定期整理自己输入的内容，包括：公众号、书籍、课程、电影等。这些都是输入的重要渠道，你需要把优质的内容列出来，然后抽时间看，这样效率和质量都会高很多。

一个优秀的写作者，必定是筛选内容的能手。多读精彩文章、多读经典书籍、多看经典电影，让自己的生命更加充实。

🖉 1.3.2 思考能力：洞察思维

写作者 80% 的时间在思考，20% 的时间在写作。对于公开写作的人，思考能力的要求特别高。比如：怎么做好选题、怎么起爆款标题、怎么写好一个观点、怎么搜集更精准的素材、怎么写好一个突发热点等。你只有比别人有更深的洞察，写出来的文章阅读量和转发量才比别人更高。

做写作培训时，我常挂在嘴边一个词：思考。思考是向内阅读，让你沉淀出思想，只有深度思考的人，写出来的内容才足够深刻、足够有吸引力。

那如何更好地思考呢？分享三种方式。

1. 要洞察事物的本质

写一个观点，能写得足够深刻，一定是洞察到本质了。像我写的文章《吴军：你的见识，决定你的高度》，就是挖掘个人成长背后的本质：见识。

去年我写过外卖快递员的一篇爆款文，《300万外卖快递员拼命谋生：揭露社会底层的真实现状》，在头条的阅读量有22万多。这篇文章是在挖掘一个社会群体的痛点，看似外卖和快递这几年蓬勃发展，但深挖这个行业的从业人员，并没有我们想象的那么幸福，很多人甚至是冒着生命危险在送货。

当今，财富这个话题很热门，赚钱一直是人的刚需，但很少有人洞察到财富的本质。大多数人一生都在拼命追求财富，却一直求不到财富，如果你真的洞察到了本质，就会知道财富是种善因种出来的。

由此可见，洞察事物的本质太重要了，绝对能够让你做事更有效率，创造更大价值。

2. 要洞察事物之间的联结

前面提过：看一个人是否厉害，就看他能否把一系列概念串联在一起。

如果一个人把各种各样的点都能串接在一起,那么他的认知水平是非常高的,能看透事物之间的关联,做到融会贯通。

一个优秀的写作者,他一定具备一项能力:把搜集到的优质素材有效串联,然后填充到自己的文章中去。这种信息整合的能力,对于一个成熟的写手太重要了。如果不具备这个能力,写文章很难,写书就更难了,因为写书需要对整个知识框架进行有效串联。

我是在做课程时才发现这种能力的重要性,洞察事物之间的联结,本质就是提升你融会贯通的能力。

3. 要善用洞察到的思维

行是知之始,知是行之成。意思是,一个东西学到了,但用不出来,说明还没有真正领悟到精髓。

我在一对一指导学员时,通常会让他们分析一些大号的文章,做文章整体拆解,看人家是怎么持续输出优质爆款文章的。

当他们分析了几十篇文章的框架后,我会让他们自己搭建各种框架。这种拆解、重塑的练习,非常有利于学员提升写作能力。

以至于他们只要看到一篇文章,光凭框架和小标题就能看出阅读量多少,这就是学以致用后的收获。这无疑印证了那句话:实践是检验真理的唯一标准。

1.3.3 输出能力:出口思维

我在上大学时读了不少书,有大几百本,但很少系统性地输出,这使得自己的文字表达能力很差。

2014年元旦,我独自一人去丽江旅行,在泸沽湖景区玩了4天,期间有很多心得体悟。当我回去之后想写点东西时,却发现词穷了,不知道要写什么。后来绞尽脑汁写了几百字,但实在看不下去,那页纸被我撕碎了,扔在了垃圾桶里。

那一刻,我才意识到输出这一模块出了问题,于是下定决心:未来一定要练就文字功底,把自己的想法和心得直观、流畅、传神地表达出来。

经过这几年的打磨,对于输出能力的提升,我认为这三点很重要。

1. 持续高质量输出

从2014年7月开始,我就踏上了写作之路,但直到2017年底,才领悟到持续高质量输出的重要性。

输出的质量直接决定了输入的质量和思考的质量。不少学员每天也在输出,但进步缓慢,最大的问题就是输出质量不高。

这两年,我每天的输出量在2000字左右,累计输出150万字,既在数量上下功夫,也在质量上下功夫。正是因为如此精进写作,才加速了自我成长。

如果你是一个持续写作者,就知道持续写作的诸多益处,它既能锻炼你的坚持力、战斗力、忍耐力和创新力,还能成为你事业上升的重要武器。

2. 建立优质正反馈

我是一个非常注重正反馈的人,也一直建议学员建立正反馈渠道。

如果只是私密写作,你的文字就得不到他人反馈,也就不知道别人是否喜欢你写的内容，那么写作能力提升就很缓慢。我常建议学员多发朋友圈，多写公众号和头条，多在社群分享，这些都是积累正向反馈的重要渠道，借由这些反馈来做调整和优化。

当然你还可以组建小群，邀请几个写作伙伴，专门来做点评，不断打磨自己的文字功底。这些优质正反馈是最真实的，可以直接反映你当下的水准，当然，你的受益也是极其大的。

3. 创造里程碑事件

2018 年，我做了一场写作年度分享，只靠自己的流量，集聚了 3600 多人。这对我来说就是一个小的里程碑事件，有些人也因此加入了写作会员群。

在写作上，你不能只是一味地写，还要注重里程碑事件的积累，比如：写出一篇代表作、做出一节微课、开始通过写文案卖货、写出自己的代表书籍等。这些都会让你在写作上变得更出色，同时还能让更多人关注你、了解你、相信你，甚至成为你的付费用户。

我的不少机会就是因为一次又一次里程碑事件得来的，这其中的本质就是积累自己的信任影响力，让更多人可以靠近你，成为你的用户和铁杆粉丝。

不少厉害的人特别执着于里程碑事件的建设，他们通过一个又一个成绩，拿到更大的机会和资源，成为更厉害的人。

提升写作能力，需要输入能力、思考能力和输出能力，这三者缺一不可。不断提升这三方面的能力，你的写作能力就会越来越强。

1.4 跨入新媒体写作的三大要素

很多人刚开始写作时，就踏上了新媒体写作之路，说明他更渴望变现。但不是所有的人都能做得很顺利。有些人甚至写了好几个月都没有赚到钱，不免有些垂头丧气。

有些学员咨询我："刚开始写作，想通过投稿变现，如何来做？"听说有人刚写作几个月，就赚到了好几千元的收入，他是怎么做到的？""写作真的能赚这么多吗？"

他们渴望变现，但又不知道自己行不行，甚至找不到合适的变现途径。我想这些写作思维其实太单一，我们应该把眼光放得更长远。

我在刚开始新媒体写作时，思考更多的是如何做出好内容，因为我相信好内容自然有其价值，有价值的东西自然有变现的空间。

开始新媒体写作之路前，需要调整好心态和思路。唯有思路足够清晰，才能在这条路上走得长久。只要在这条路上坚定走下去，那么所谓的变现就是顺其自然的事情了。

在这里，我想分享跨入新媒体写作的三大要素。

1.4.1 想清楚变现方式

跨入新媒体写作时，很多人是盲目的。他们觉得写作能赚钱，所以也想尝试，但后来发现写作不能赚钱，很轻易就放弃了。出现这样的情况，是因为没有真正想明白后期变现方式，缺少以终为始的思维。

我现在是一个成熟的写作者，考虑问题跟新作者截然不同。进入一个平台，我会思考在这个平台上自己的变现方式是什么，已有的资源和能力是哪些，哪些东西是要放弃的，然后应该做些什么。

这背后的思维逻辑是：我要什么，我有什么，我要放弃什么，然后我需要做些什么？

所以写作者开始踏上新媒体这条路时，也应该有这样的思考。如果你是想变现的，就要思考变现的方式，是投稿变现、广告变现，还是知识付费变现。

如果需要走投稿变现这条路，就要选择具体的自媒体平台，研究平台需要的稿件类型和调性。如果是走广告变现这条路，就要经营好自己的自媒体号，把它做大，多写爆款，粉丝量越大，内容质量越高，广告报价就越高。如果走知识付费这条路，就要多输出专业方向内容，让别人认可你的专业能力。同时你还要通过内容建立与读者的信任关系，方便你后期通过知识付费产品来变现。

我现在的变现方式已经很清晰了，就是通过课程和社群的方式来变现。所以我输出的内容就跟专业相关、跟成长认知相关，别人看到我写的内容，就会参与我的付费课程和社群。因为持续不断的输出，已经让别人知道我在写作领域很专业，并且我是一个值得信赖的人，他们就愿意付费。

作为一个新的写作者，首先你要思考好自己的变现方式，这对开启新媒体写作之路非常有帮助。变现方式不同，采取的写作策略也截然不同，写作者必须建立以终为始的思维。

1.4.2 不要太追求结果

作为一个新人，开始新媒体写作时，总是有些着急的。想快速找到自我定位，想快速寻求写作能力的突破，想快速变现。

越是这样的心态，越难在写作这条路上扎下根来。

《写出我心》这本书里提到："写作是一辈子的事，需要很多很多的练习。"如果你太着急，太想快速追求一个结果，反而对于长期发展不利。

我们的写作训练营经常会收集学员的资料，在他们的写作目标中，总能看到想急切追求一个结果的心态。这个时代，都在追求快，所以很多人写作也是想快速达到一个结果。这时候，我会告诉他：不要急，写作是一辈子的事，需要建立正确的写作认知和平稳的写作心态。只有这样，写作之路才会更顺畅，才能建立起写作的终身复利。

我研究过很多自媒体大号，他们刚开始的初心就是热爱写作，热爱文字表达。绝对不像市面上宣传的通过写作赚大钱。

2016—2019年，不少人都在教写作变现、文案变现，现在再看一下这些人都去哪了？我们会发现那些过于追求结果的人，反而没有获得一个好的结果。反而是那些刚开始写作，想法很纯粹的人，最终却收获了不错的结果。这到底是为什么呢？

因为写作是一件长期的事情，它更多的是向内挖掘。如果你只想通过写作来变现，这种单项的驱动力很不足。写作者应该保持良好的心态和正确的写作初心，才能抵达更远的地方。

写作5年多，坚持早起日更4年半，我觉得写作有意思、有价值、有意义，所以持续不断地做这件事。如果我脑子里每时每刻都在思考写作如何变现，那么也不会在写作这条路上深耕这么久，也不会把写作培训当成事业来做。

写作是终身的事情，慢慢来，不能快。用更长远的眼光来看待写作这件事，对于自身的写作之路更有意义和价值。

📝 1.4.3 把写作当作修行

一开始公开写作时，不一定会收到一个好的结果，阅读量、关注度和转发量都可能不高，甚至有些人还吐槽你写得很糟糕等。这些都是开启这条路时会遇到的问题，有些人扛不住，就选择了放弃。

这其实是很不明智的行为，写作更像修行，是一个不断锻造自己的过程，需要一些时间的积累。这样你的写作能力才会提升，写作心态也会变好，甚至写作时的思路会更清晰。

有学生问："老师，很想公开写作，但发的内容也没有什么人看，这有价值吗？"

我回复她："合抱之木生于毫末，九层之台起于垒土，千里之行始于足下。只要开始，只要注重积累，就可以随着时间的推移越写越好。"

我们应该把关注度从外界转移到自身上来，向内思考：我的写作能力有没有提升，我有没有变得更好，写作有没有让我变得更有价值等。当关注到自身时，你就开始忽略掉外界的一些无用评价，这时候才是真正意义上的向内成长。

写作三六五平台一直在推广"让写作成为一种生命修行"这个理念，这也是我们平台的使命，希望更多人能够把写作当作修行。

通过这几年的写作，我发现：人的成长，来源于心性，向善、向上、不急不躁。写作磨炼了我的心性，让我不浮躁、不张狂、不急功近利、不哗众取宠。

所以，我慢慢把写作理解为一种生命修行，在写作中修炼自己的耐心、恒心、精进心、忍辱心、利他心，乃至于慈悲心。

如果你开始新媒体写作，也应该上升到修行这个维度，这时候一切的困难和阻碍，都会让你更好地挖掘自己、认识自己、看见自己，真正从自己身上找问题。

有人说修行是痛苦的，其实不然。修行更多的是幸福，每突破一个节点，就会收获一份喜悦。把写作当作修行，就会收获一份又一份喜悦。

新媒体写作是一条漫长的路，所以需要想清楚你的变现方式，同时保持良好的心态，更要把它作为一种修行对待。唯有如此，你在这条路上才会走得更加扎实，而且可能会收获到许多意外的惊喜。

1.5 如何正确开启属于你的写作之路

刚开始写作时，我就把自己定位为终身写作者，原因很简单，就是因为看清楚了写作的复利价值。

在坚持的道路上，不管遇到多大的坎坷和瓶颈，都没有改变我坚持写作的初心。一路走来，写作给我带来了很多好处，让我更加坚定写作的价值。后来，做了写作培训，写作成为自己的事业，这让我更脱离不了写作了。

写作既是我的热爱，也是我工作的一部分。写作让我建立了跟这个世界的连接，又给我创造了财富，写作成为我生命的重要组成部分。

不少人也想开启写作之路，但苦于没有找到合适的老师和组织，这使得他们与写作擦肩而过。这也让我更坚定地做写作路上的推广者，让更多人接触到"写作修行"和"终身写作"理念，让彼此成为写作路上的同行者。

正因如此，我才觉得有必要来探讨一下如何开启写作之路，给一些新手以正确的方向和有效的方法。

如果大部分人把写作定义为终身技能，那么在刚开始入手时，就一定要掌握其规律和方向。只有这样，你的坚持才更具持久性。

1.5.1 利用碎片化时间写作

这是一个高速发展的时代，每个人都很忙，仿佛有做不完的事情。对于上班的职场人士，可能每天很难抽出 1～2 小时专门来写作。不少学员私下咨询我："老师，我真的抽不出时间写作。"

每次听到这里，我就给他们提供一种非常好的写作方式——碎片化写作。

很多人认为，写作就一定需要坐下来，然后花 1～2 小时，写上 1500～2000 字。一天当中，有很多碎片化时间，比如：上班路上、下班路上、等开会、排队吃饭、睡觉前后，甚至是上洗手间，都可以把这些时间利用起来写作。

一个金句，几十秒就可以完成；一篇短分享，两三分钟就可以搞定；一篇 300 字左右的短文，10 分钟左右就可以完成。

如果是一篇稍长的文章，利用碎片化时间你可以构思框架、寻找素材、选择配图，甚至可以打磨标题、开头和结尾。等到你真正坐下来写时，如果速度快，40 分钟就可以轻松搞定一篇 1500～2500 字的文章。

碎片化时代，要养成利用碎片化时间写作的习惯，这就是在培养一种时间管理能力。拥有这项能力，就会比别人效率高出几倍，而且你的写作之路也会更加通畅。

📝 1.5.2 学会写复盘

"复盘才能翻盘",写复盘,对于一个普通人来说,上手很快。

读完一本书,可以写读书的复盘;听完一堂课,可以写听课的复盘;参加完一个活动,可以写活动的复盘;甚至是会见一个牛人,可以写约见牛人的复盘。

写复盘,不仅可以提升写作能力,还能提高记忆力和工作效率。对于一个写作者,复盘的益处是极大的,比如,参加完一位老师的线下大课,当天晚上就可以做复盘,整理成文章发出来。这样既得到了老师的关注,还得到了很多同学和粉丝的关注,这就是时效性下的价值传播。

写复盘的逻辑也是极其简单的,可以直接用清单体写,写3个点、5个点,乃至10个点。只要你把重点梳理出来,然后再加上自己的心得体悟,一篇不错的复盘就能完成。

举例,我在2018年底听完剽悍一只猫的分享,当晚就写了一篇复盘《彻夜反思:我与剽悍一只猫的差距,就在这10个点》。这篇复盘得到了很多人的正向反馈,还有50多人给我打赏。

写复盘,只要你把框架梳理出来,然后按照自己的思路去写就可以。一篇好的复盘不仅能深化自己的记忆,还能增强读者的信任和个人影响力。

📝 1.5.3 从一段话开始写起

如果训练写作,一开始从1500字开始写起,大部分人会觉得这很困难,不知道从哪开始下笔。但换一种思维,从

100～200 字开始写起，大部分人就很容易上手，甚至可以说很简单，稍微写一些就可以达到这些字数。

我在做写作培训时，引导学员也是如此，这就很容易破除他们心中的那些障碍，比如：没有准备好、写作太难、不能坚持等。

我们经常会参加一些线下活动，听了老师的分享之后，会有一些收获。如果在分享收获时，老师问你："能分享 10 分钟的听课心得吗？"这可能对大部分人来说很难。但如果问你："能分享收获中最大的一个点吗？"这就容易多了，我相信很多人都能表达出来。

这跟练习写作是一样的，一开始做 100～200 字的练习。写得多了，发现 300～400 字也很轻松。到了后期，800～1000 字也能写出来。这样一步步过渡，让自己的写作不再那么费力。

开始写作时，不要想那么多，也不要给自己设限，坐下来，从一段话开始写，你会越写越精彩。

1.5.4 打造稳定的写作能力

我们翻阅朋友圈，看到别人输出一篇高质量的文章，觉得这个作者很厉害。但我们却没有看到，他可能花了一整天，才把这篇文章生产出来。

作为一个优秀的写作者，需要思考一个问题：如何打造稳定的写作能力，长期输出优质内容？

稳定性是每一个写作者都要追求的能力，打造稳定的写作能力要注意以下四个层面。

第一，输入。持续高质量输入，是一个关键点，如果一直往外倒货，那就得不断做输入储备。

第二，整理。写作者一般都会做整理，素材整理、案例整理，乃至于知识点整理，这些都方便自己长期写作。如果未来要写书，这就更重要。

第三，输出。一个优秀的写作者，需要做专项训练，达到在每一个点上都能做到优质输出。只有这样，综合能力才会变强，写作能力才会更专业。

第四，反馈。找到适合你的反馈渠道，可以是朋友圈，可以是社群，可以是公众号，也可以是其他平台，只有接受强反馈，才能超快突破。

写作，需要不断打造自己稳定的系统能力。只有如此，你才能很好地在这条路上发展，并且可以强化自我优势和做出成绩来。

1.5.5 树立清晰的目标，克服拖延和质疑

在写作时，经常会遇到两大阻碍：拖延和质疑。

第一种情况：拖延。明明可以两个月完成，非要半年，不到最后期限，就不想完成它，这就是人性中自带的拖延症。

如何克服拖延，我的方法很简单：做公众承诺。比如，写一本书，下定决心三个月内完成，完不成就在群里发1万红包，用惩罚来抵抗拖延。

如果惩罚比较大，那么拖延的可能性就低很多，因为投入成本实在太大。这种方法很管用，你也可以试试。

还有一种情况，就是质疑。很多人是因为别人的质疑而质疑自己，一旦产生自我怀疑，脚步一下子就放慢了，甚至停止了。

面对质疑最好的方式，先不用管别人，一鼓作气闷头干。要早一点干出成绩来，用结果来抵御他人的质疑。

成年人的世界，很难真正凭兴趣和热情去干事，更多的是靠任务驱动。因此，要想在写作这条路上走得长远，就要清楚自己写作的目标，然后不断获取一个又一个成绩。

大多数人中途放弃，是因为在写作上没有看到什么结果，时间一长，就不想继续向前走了。所以，在开启你的写作之路前，要树立清晰的目标。最好把目标贴起来，放在你视线以内经常能看到的地方，这样可以激励你不断前行。

我坚持写作，很重要的原因是清楚地知道自己写作的清晰目标：传递思想和价值，建立信任影响力。

写作是一种生活方式，写作是一种价值传播，写作更是一种生命修行，认清了写作的价值和意义，就赶紧上路，一起践行终身写作吧！

第 2 章 观点打磨：策划优质选题，拟定爆款标题

当我们开始写作时，首先会思考要表达什么观点，观点不仅涵盖选题，还涵盖标题。一个好的选题意味着有比较高的阅读量，优质选题会大大提升读者的阅读兴趣。所以写文章前，先要思考：如何策划一个优质的选题。

一个好的标题一定会让更多人点进来看文章，标题可以建立跟读者的第一步链接，也是让读者判断是否读这篇文章最关键的点。所以，写完文章后，要再次打磨标题，确保标题的打开率和传播量。优化标题就是优化文章的阅读量和转发量。

2.1 每个人都要有自己的观点

刚开始学写作的人，都会存在一个问题：今天到底要写什么选题？

是的，"写什么"成了新手最大的问题。有位学员跟着我写作两个多月了，每次聊天，说的第一句话就是："老师，我不知道要写什么。"

一般我会说："你想到什么就写什么，渐渐地思路就有了。"

有些新的写作者，他们有很多想表达的观点，但一直停留在脑袋中，没有把它们记录下来。如果平时能够及时地把这些想法记下来，那么就不用发愁没什么观点来写了。

被学员问得多了，我自己也在思考：为什么我会有源源不断的观点可以写？后来，我意识到，除了每天有大量的输出外，平时也在不断地读书、思考、对接他人等。在此过程中，不断地获取新观点，加上平时喜欢不断地总结和记录，让我有了很多内容可以写。

因此，每个人都有观点，关键看你怎么捕捉，怎么积累，怎么运用。

2.1.1 你的角度就是你的观点

每次看电影前，我会浏览一下其他人对影片的留言评论，发现每个人的观点都有所不同。这说明每个人都有表达的欲望，但每个人的角度都不大一样。同样看一部电影，每个人关注点不尽相同：有些人看到了真，有些人看到了假；有些人看到了善，有些人看到了恶；有些人看到了乐观，有些人看到了悲观。

角度不同，观点自然就不同。

比如，看完《我不是药神》这部电影，有人说卖假药的太多了，应该抵制这些人；也有人说如果国外的药经过合法途径售卖，只要能救人，就应该给这些人维权。同样是一个卖假药事件，不同的人立场不同，观点自然就不同。

作为写作者，除了多角度思考，还要考虑你的角度够不够新颖、有没有差异化等。太过平庸的观点，势必吸引不了多少读者。如果你的角度足够新颖，就会吸引读者的注意，这就是我们常说的"角度决胜负"。

在营销遍地的时代，很多人认为营销是第一位，产品是第二位。所以，大部分公司都在思考如何做营销，怎样拓展业务。这时候，如果你写一篇文章《大部分公司"产品60分、营销90分"，却自以为"产品90分、营销60分"》，就会引起不少人的关注。

俗话说："物以稀为贵。"如果你的角度跟大部分人都不同，是市场上极其稀缺的，那么你写出高阅读量文章的概率就很大。

一个热点事件出来，当别人都在用顺向思维来表达时，你是否能做到逆向思维，用不同的角度来表达自己的观点。读者会关注那些跟他观点不大一致，却很有说服力的文章，他会思考写作者为什么这样表达，自己有什么地方没想到。

你的角度就是你的观点，如果你的观点是非常新颖的，写文就非常有优势，也更容易从众多写作者中脱颖而出。

✎ 2.1.2 所见所闻都有新的观点

很多人说："我没有什么新的观点可以写。"这是因为缺乏对生活的观察。在我来看，所见所闻都有新的观点。

2019 年结束时，我写了一篇《2019 年最后一天，我的 10 点年度复盘》。2020 年开始时，我写了一篇《2020 年，我要践行的 20 条梦想清单》。看完吴军的《格局》这本书，我写了一篇《一个人格局越来越大的 3 个迹象》。回到母校，我写了一篇《七年回母校七次，我已渐渐走远》。30 岁生日时，我写了一篇《30 岁，终于还是到了》。

所以，不要说自己没什么可写，也不要说自己没有什么观点发表。只要你用心生活，用心观察生活，一切都可以成为你笔下的素材为你所用。

我很喜欢一句话：如果你不是在刻意练习和刻意思考，那么就是在偷懒。所以，我每天都保持大概 2 小时的刻意写作时间，5 小时的刻意思考时间。每天都专注这两件事，我被倒逼成了一个优秀的写作者。

在手机上，专门有一个文件夹记录我刻意思考的内容，一年累积了成百上千条。这些都是我所见所闻的观点，只要翻开里面的内容，就有源源不断的素材。如果你也有这样刻意思考和刻意输出的习惯，那就再也不用愁没有观点可写了，而是要思考怎么写才能写得更精彩，跳出低维，跨向高维。

📝 2.1.3 利用观点筛选受众人群

每个公众号都有人群定位和内容定位。比如，我的公众号是关于认知升级、个人成长和写作方法论方向，这也意味着关注我内容的人是对这几个方面感兴趣的。

作为一个写作者，一定要对自己写的领域足够了解，这样你在表达时就有足够的说服力。比如，我擅长写个人成长方向的文章，平常除了阅读相关的文章之外，还涉猎了很多这方面的书籍和课程。这使得我在写到这个话题时，就有足够的话语权，写出来的内容也有足够强的说服力。所以，读者愿意来看这些文章，分享这些文章。

因为我写的观点大多是关于认知升级和个人成长的，所以吸引的受众人群在 25～40 岁的颇多。比如像很多毕业不久的年轻人非常渴望成长，他们需要找到属于自己的职业突破口，就会来看我写的内容。作为写作者，你可以探讨很多关于职业发展和个人成长的问题，借助自己的文章来筛选目标读者。

比如，《心沉下来，才能干大事》这篇文章观点很明确，就是要让自己沉下心来做事。吸引的读者大多是那些定不下心来做事情的，以及一直做不出太大成绩的。

你的观点直接决定了你的读者是谁，因为不同年龄、不同身份、不同职业、不同性别的人，他们的关注点都不一样，所以你需要用自己的观点吸引目标读者。

在做自媒体时，你的定位很重要。当你明确自己的定位之后，就要多在这方面深入、扎根，直到写出自己的影响力。擅于聚焦输出的人，就能有源源不断的选题和思路，当然你的观点和内容也会更加有吸引力。

所以，下次不要再说你没有观点可写，要擅于寻找观点、挖掘观点、聚焦观点、运用观点。这样你把握观点的能力就会越来越强，你写出的观点也会越来越有竞争力。

2.2 策划优质选题的四个技巧

为什么有些选题就有天然的阅读量，而有些选题一看就知道读的人不多？我拿以下五个选题作为例子，让我们一起看一下哪个选题阅读量最低。

《为什么你越攒钱越穷》

《方法对了,你的一年顶别人十年》

《无论和谁结婚,你都会孤独终老》

《管理就是在管人心》

《那些在大公司上班的人,不值得羡慕》

答案:第四个。因为管理者这个受众人群本来就比较少,虽然总结的标题还不错,但阅读量是最低的。第三个标题是情感类的,因为受众人群广,即使写得差一点,阅读量也不会太低。

作为一个专业的写手,看到一个选题,立刻就能判断它的阅读量区间。因为选题本身覆盖的人群范围、痛点程度、传播动力等,就决定了它的阅读量。就像有些爆款文章,它们抓住了人性的需求和关注的焦点,经过精心设计后,便能带来指数级的裂变传播。

因此,优质的选题一定是策划出来的,而非胡编乱造的。我们平台内部的写手随时保持有五个选题备选,这样不至于在写作时遇到选题卡壳的问题。关于如何策划优质选题,在这里分享四个实用的技巧。

2.2.1 挖掘用户痛点

痛点有三个层面:个体痛点、群体痛点、社会痛点。

个体痛点,如早起、失眠、升职加薪、认知升级等;群体痛点,如行业变革、职业淘汰、区域事件等;社会痛点,如个税、假疫苗、冠状病毒等。

梁宁的产品思维课程提到，痛点其实就是恐惧，这个观念我很认同。就像现在很多人有认知焦虑，不学习、不努力、不进步，就会产生焦虑，甚至有时还会痛苦。知识付费红利就是抓住了用户这个痛点，才得以快速发展。

特别是在做选题时，一些优质大号非常擅于挖掘用户痛点。比如，职场写作大V王耳朵，他非常擅长写痛点类文章。比如，《30岁儿子为6万彩礼逼死母亲：养废一个孩子，有多简单》，这篇文章挖掘的是结婚送彩礼这个群体痛点。这个选题是一个很普遍的痛点事件，大部分人都会遇到送彩礼的问题，特别是在农村，为彩礼吵架的家庭非常多。文章标题也起得非常有吸引力，一下子抓住了读者的注意力，想点进去看一下具体内容。

我之前写过一篇群体痛点类文章，题目叫《300万外卖快递员拼命谋生：揭露社会底层的真实现状》。这篇文章我是针对外卖快递员这个群体，挖掘他们的生存现状。头条阅读量22万，1440人留言，引发了很多快递员的共鸣。

我对痛点类选题保持着特别大的敏感度，就像人性中的需求一样，刺激到读者的痛点，他就会很关注。比如，职业淘汰、假疫苗、健康问题等，读者就会很关注，这其实就是生存需求。

有些健康类文章，经常挖掘读者痛点来写，比如下面这些：

《这种蔬菜，不要再吃了，会患癌》
《体检不做这个检查，得了癌症都不知道》
《这8种保健品不保健，过年送礼不要选》
《这些自制食物会让你中毒，最后一种后果最严重》
《这些名不副实的儿童食品，专家劝你一口也别喂给孩子》

看了这些选题，你就不知不觉被它带进去，想点击文章来了解具体内容。痛点就是可以激发你的恐惧，像 2020 年暴发的新型冠状病毒，过年那段时间每天都在讨论这个话题。出门都要戴口罩，大家都在想办法战胜这种病毒。那段时间只要写这个选题，就有很高的阅读量。

因此，写作者要擅于借助大众普遍关注的痛点写文，增强文章的传播量和对你的关注度。

2.2.2 巧借热点势能

我有一个习惯，经常会翻头条和微博热搜，看一下最近有什么热点可以用到写作中。一个优秀的写作者必须关注最新热点事件，巧借热点赋能写作。

当我们谈到新媒体写作时，势必会谈到传播，一谈到传播，必然会谈到热点。热点事件自带传播和流量，只要你愿意写，阅读量都会比平常的文章要高。

借用热点，本质是一种营销思维，抢占读者的注意力。就像写文章，如果标题里面出现"马云"二字，那么阅读量自然会上涨。马云本身自带流量，而且人们对于名人有着天然的兴趣和关注，只要配合最近的事件来写他，就能获得更多人的关注。

刚开始我在头条写作时，翻到过很多写作者都是借用热点事件写内容，头条本身就是娱乐新闻多一些，所以这些文章阅读量普遍比较高。后来有段时间，我也尝试用热点事件给自己的文章赋能，捕捉最新的热点事件，然后趁早写完发表出来。这些文章都能获取较高的关注度，而且留言量也很多。

写热点时，有一些必然热点可以提前准备，这样能够抢占到第一时间发文。比如，乒乓球世锦赛决赛，如果你在前两天就知道这个消息了，决赛中必有马龙，这时就可以提前做准备，一篇写马龙赢，一篇写马龙输。比赛结束，如果马龙赢，就发赢的那篇文章，如果马龙输，就发输的那篇文章。提前抢占热点，是专业新媒体写作者的玩法，他们擅于借助热点，抢占时间来给自己的文章赋能。

有一段时间雷军很火，我就借势写了一篇关于雷军的文章，但里面内容更多是关于能力提升的，阅读量也有 15 万。

作为一个新媒体写作者，巧借热点就是你的竞争力。缺乏这个能力，自媒体之路走得会艰难一些，因为你不会借力和借势。有些大号写作者，大的热点出来后，他们必定会写一篇带有自己观点的文章，以此来提升个人知名度。

作为写作者，我依然会对热点保持着密切的关注度，会挖掘热点背后的规律，这样对于传播就越来越有经验了。

2.2.3 引发读者共鸣

当一个观点能够引发读者共鸣时，他就会对此文产生很强的认同感，这就等同于这篇文章替他发声了。

好的选题就是能够引发读者共鸣，表达出别人想说的，让别人看完后拍着大腿说："精辟，跟我想的一模一样。"

我写外卖快递员这篇文章，就引发了这个群体的共鸣。因为这篇文章是在替他们发声，很多外卖小哥在文章底部留言，说出了他们的现状和困境。在留言区，他们很深入地剖析了这个行业，以及目前的生存现状。我真没想到会激发他们这么强大的共鸣。

作为一个写作者，如果你擅于制造读者共鸣，那就说明你更了解你的读者，更了解某个群体。读者看完这些替他们发声的文章，就会分享到朋友圈和社群。

公众号拾遗非常擅于写这样的文章，它替一群人发声，擅用这些观点得到读者的认同，例如下面这些：

《有些伟大的民族，你永远不能低估》
《最好的学区房，是你家的书房》
《抗议996，其实是一件非常奢侈的事情》

读者看到这些选题后，自然会联系到自身，产生认同感。作为写作者，要擅于抓住读者的情绪引发他们的共鸣，当你能够把这些恰当地表述出来，就能赢得读者的认同。

2.2.4 刷新用户认知

我们在看文章、看书、看电视剧、看电影时，都喜欢看主人公逆袭的故事。比如，他起点很低，通过自己的努力奋斗实现了人生的跃迁。但凡这类故事，大部分都会受到读者的青睐。这个世界毕竟还是普通人多，他们渴望能从他人的故事中获取一些成长和突破的灵感，实现自我蜕变。

拿马云和李彦宏做对比，人们更喜欢听马云的故事，觉得很励志。不是因为马云的成就比李彦宏更大，而是马云的起点更低，起步时各方面的条件都很差，所以他的故事更具吸引力。

在写文时，我通常会写那些起点很低的人物。相对那些起点高的人，他们经受的磨难更多、命运更坎坷，故事性也就更强。这些人的成长经历往往能够刷新用户认知，也能更好地启发读他们故事的人。比如，下面我写的三个选题：

《她81岁仍没出过中国台湾,却建立慈善帝国,证严法师的成功给我们的3点重要启示》

《40岁的大叔活成了20岁的状态,他打死也不说的3个秘密》

《极致践行者剽悍一只猫:比学历重要1000倍的,是你的践行能力》

写文时,除了那些新奇的故事,如果你能以新视角、新认知、新思维来触动读者,那么你的文章也会受到更多人的欢迎。

在头条上有位水木然的作者,他的文章有段时间就刷屏了。因为他的认知足够高、思维足够新、视角足够广、内容足够深刻,所以很多读者喜欢品读他写的文章,这使得他在半年多时间就积累了100万粉丝。下面是他写的一些选题:

《未来只有一种稳定:是你到哪里都有饭吃》

《人生三大经典错误,你肯定正在犯,现在改正还不晚》

《不是赚钱越来越难,而是你没看懂时代,未来只有一种人能生存》

《曾国藩一生的智慧,都浓缩成了这11句话》

《人分为三种:做事、作势、做局,你是哪一种》

在策划选题时,一定要深度思考:如何给这个选题注入一些新认知、新养料、新思维?只有刷新用户认知的文章,曝光度才会更高,对读者的吸引力也会更强。

优质的选题一定是策划出来的,它不仅能带来阅读量,还能给读者带来不少启发。作为写作者,要随时保持手上至少有五个可以写的优质选题，这样你坐下来就不愁没什么可写了。

2.3 切好角度赋能优质选题

很多写作者比较大的问题是，选题有了，但不知道从什么角度来写。特别是一些热点事件出来后，知道要写一下它，但就是不知道从哪个角度切入。如果你角度没有选好，或者是写的角度跟大多数写作者一样，那么是很难赢得读者认可的。

当然，这对于写作者是有挑战的。很多优秀的写作者，他们不仅写作能力强，而且非常擅于挖掘素材和灵感，保持对于生活的敏感度，找到好的角度进行输出。他们经常做专项训练，拆解优质文章，寻找爆款点，这使得他们比一般写作者更擅长找角度。

那到底该如何切好角度赋能优质选题呢？在这里，我分享三个关键点。

2.3.1 角度越新颖，越有穿透力

写新媒体文章，角度很重要。一个热点事件出来，很多人都会写,但凭什么你的文章就可以出众呢？我觉得角度很重要。你的角度越新颖，越独特，对于读者就越有穿透力。他们能够从众多文章中关注到你写的内容，必然是你独特的视角吸引了他们。

罗永浩今年开始直播带货，第一场抖音直播带货就带来了1.1亿元的销售业绩。不少人看到老罗直播，觉得老罗已经混到了这个地步，开始做直播带货。但写作者 Spenser 却切了一

个新颖的角度,从创业者本身的精神出发。他写了一篇文章,标题为《罗永浩精神:别瞧不起那些失败过又试着站起来的人》,这篇文章当晚阅读量就过了 10 万+。

创业者不服输的精神,这个角度就是很新颖的,普通人一般不会写。作者本身就是一个创业者,他深知创业之艰难,失败的可能性之高,屡败屡战就是一种精神。罗永浩借助直播带货来实现翻身,这也是创业者不服输的精神。

对于写作者来说,一个好的热点出来后,能捕捉到它是靠你的洞察力。但能否写出新颖的观点,就要考验你的思考能力了。如果能跳出常人思维来写同样一个热点,你就比别人有更大的优势吸引到读者注意力,让他们主动关注你,并且愿意为你的文章转发。

现在不少大学生面对就业问题时,大多会考虑找一份稳定的工作,或者考研、考公务员,追求一种稳定。在他们的价值体系中,稳定是相当重要的。其实,我们深入去探究,会发现:稳定的背后,其实是对于安逸的追求,想让自己工作更轻松,更少地去折腾。

针对这样的现象,我写了一篇关于"苦难修行"的文章,题目叫《真正的高手,都在修炼"苦难守恒定律"》。我认为:

> 苦难,是人一辈子的必修课,而且每个人一辈子吃苦的总量是恒定的。这个阶段不吃苦,下个阶段就会吃苦,如果你提前把苦吃了,很可能幸福就离你不远了。
>
> 如果你一味逃避苦难,那么它就会在你始料未及的情况下,逼近你,然后把你彻底打碎,直到你爬不起来为止。

所以,我以逆向的思维写这个选题,就能够很好地启发读者。某种程度上,也是在帮助大家调整一些价值观体系,让大家从根源上接受苦难这件事,通过苦难做修行。

当别人都在往同样的角度写时,你就要思考其他更新颖的角度。只有写出新颖的角度,才能写出穿透力,写出生产力。

✎ 2.3.2 角度越细小,越有说服力

思考一个问题:"角度越大,写起来越容易,还是角度越小,写起来越容易?"

毫无疑问,角度越小,写起来越容易。可现实是,很多人会选择角度非常大的选题来写,但凡这样去做的,很难把这个选题真正写好。这是因为什么都想写,反而写得都不够好。你只切一个小的点来写,可以把它写得更准确,更清晰,更有说服力。

当学员切的角度比较大时,我会提醒他:"应该可以再细化一下,找一个更小的角度来写,这样更容易出彩。"

我拿"读书"这个选题来举例,如果你切得角度比较大,你会写这样的选题:

《读书,最简单的修为》
《读书能改变气质和靠近梦想》
《读书,遇见更好的自己》

这样的选题不是不好,而是切的角度太大,你只能从读书的重要性出发,很难把读书这个点写透彻。

这时候,你可以把角度切小,比如:

《我为什么坚持读书？》

《如何打好阅读基础？》

《读书一定要记住吗？》

《阅读速度慢怎么办？》

《碎片化阅读可行吗？》

《要不要写读书笔记？》

《有哪些书是必读的？》

《怎么提升挑书能力？》

《什么是读书三板斧？》

你会发现原本"读书"这个角度很大，你通过这样的形式把角度一下子切小，任何一个小的角度都可以写成一篇文章。而且你可以把任何一个小的角度给写透彻，这比你单独写一个大的角度要更容易。

你想想如果写"读书"这个选题，只是写到读书很重要，其实大家都是明白的。但读者关注更多的是读书的一些细化层面，如果你的文章没有表达出这些来，会让他觉得不够过瘾。

所以，角度切太大，有比较多的弊端。不仅自己很难写得全面、精准，也很难真正写到读者心里。与其如此，不如把角度切小，从一个点出发，然后把这个点写透彻，这样效果反而更好。

就如同做个人品牌的专家，如果定位太大，反而很难把个人品牌经营好。如果你切到一个更好的细分领域，反而能够做出自己的影响力来。比如，你的个人品牌是做演讲的，如果你定位演讲这个点，切得会有点大。这时候，你换个思维，把定位切小，如即兴演讲、企业家演讲等，你会发现定位小了，反而更容易做出成绩来。

所以，当我们切得角度过大时，就要思考如何像剥洋葱一样,一层层把角度切小。当你的角度足够小时,就能写出更强说服力来。

✎ 2.3.3 受众越明确,越有传播力

我在给学员辅导时,一直重点强调目标读者。同样的题材,切的角度不同,你吸引的读者就会截然不同。

比如,同样写读书这个选题,如果写给父母看,你的标题可以是《怎么给孩子阅读一本书》《有哪些书是父母必读的》《父母如何打好阅读基础》等。但如果写给大学生看,你的标题可以是《大学里必读的20本书》《大学生如何打好阅读基础》《大学生如何提升挑书能力》等。

如果你的公众号大多是年轻读者,而且有很多大学生,这时候你写的内容应该着重于大学生这个群体。如果你的角度切到父母这一类人群,估计阅读量就不会很好,因为受众群体不同。年轻人看了这些跟父母相关的标题,他们很难产生兴趣。

如果你的公众号大多是中年读者,女性居多,这时候你写的内容着重于孩子饮食、孩子健康、亲子教育等,就会受到很多人的关注。因为公众号本身的内容定位就是这类目标群体,吸引的就是这批人群,自然会有不少人阅读和转发你的内容。

所以写文时明确受众群体很重要,你要知道为谁而写。即使同样的题材,你也要切到目标读者的角度,这样会更容易赢得读者的共鸣。

我的公众号受众人群是与写作成长相关的,所以在写文时,我不会离开这两个主题。要么写关于写作的方法论、写作的经验和学员的成功案例,要么写个人成长中的一些心得体悟和践行结果,拿最新的几篇文章举例:

《读书习惯的养成，是我这辈子做得最正确的决定》

《30 岁以后开始写作，我收获了 3 点蜕变》

《知识创富时代，你需要一个切入口》

《那些厉害的人，究竟是怎么做选择的》

《想写作和会写作，是两个档次的事》

《真正的强大，不是战胜别人，而是与自己在更高处相逢》

明确了受众群体后，写文时就知道要写给谁看了，这样写出来的内容更容易触达读者，同时也更容易达成自己的写作目标。

对于读者来讲，年龄不同、身份不同，乃至性别不同，关注的点自然不同。所以你要了解你的读者，知道他们需要什么，然后提供他们需要的内容。

总的来说，写作者在写文时，要从读者的角度去思考，用自己的角度去感化读者，引发他们的共鸣，让他们愿意为你点赞和转发。

2.4 拟定优质标题的三大价值

新媒体写作要重视标题的价值。平台这么多，公众号这么多，甚至文章这么多，为何读者偏偏留意你写的内容呢？

你需要用标题建立跟读者的连接，让他在众多文章中看到你的内容。

据统计，读者在一个标题上停留时长不会超过 3 秒钟，也就意味着 3 秒钟决定他是否打开这篇文章。如果标题吸引不了读者，他就会跳出你的文章界面，选择去看其他的文章了。可以说标题决定了新媒体文章的打开率。你写了一篇特别优质的文章，但是标题没注意打磨，你可能会损失掉很大的阅读量，这就是所谓的标题决胜负。

我在打磨标题上确实是有过经验教训的，一篇好文章起了一个差的标题，结果导致阅读量非常低。因此，我很注意标题的打磨，特别是当辛苦写了一篇非常优质的文章时，我一定会反复打磨标题，仔细比对，直至挑出最满意的那个，才会把它发出来。

有些文章你一看标题，就会毫不犹豫地打开它。比如，公众号拾遗的文章《2019最佳辩手——任正非》，你看到标题就想看全文。除了那段时间任正非是热点人物，吸引读者的注意，从"2019最佳辩手"这几个字也能看出文章的核心价值。标题干净利落，切到热点人物，又有价值，读者自然会点开来看全文。

对于写作者而言，写完文章后，很重要的一件事，就是要专门花时间打磨标题，需要思考：是否能吸引读者注意，能否引发读者共鸣，有没有提炼出关键点等。标题就是你文章的门面，读者要推开门才能看到文章的全景。因此，务必要装修好门面，让读者愿意推开门进来看一下。

那标题到底有何价值呢？我把它总结为三个方面：吸引读者注意、传递核心价值、筛选目标用户。

✏ 2.4.1 吸引读者注意

"注意力经济"一词是由诺贝尔经济学奖得主西蒙提出来的，他谈道："随着信息的发展，有价值的不是信息，而是注意力。"李笑来在他的《财富自由之路》中,也提到了"注意力"一词,他谈道:注意力 > 时间 > 金钱。

广告的本质就是拿观众的注意力变现,作为新媒体写作者也是如此,通过文章吸引读者的注意力,以此来实现新媒体文章的价值。

一篇文章,标题是吸引读者注意力最关键的部分。有些标题,天然具备吸引读者注意的优势,比如以下三篇文章的标题,你一看到就会打开,因为标题强烈地抓人眼球。

《疫情之下,美国经济面临彻底坍塌!》
《多少年轻人,死于"合群"!》
《中国人的四大天规和九大定律,违反必有灾!》

写作者通过标题建立跟读者之间的链接,标题好坏直接决定文章的打开率、阅读量和转发次数。在标题上下足功夫,对于写作者极其重要,一个好标题带来极高的传播价值,同时也是对写作者莫大的鼓舞。

标题如果能引发读者的好奇、戳中读者的痛点、直接提供价值或者传递最新的新闻价值等,就会吸引读者的注意力,增加文章的打开率。

2.4.2 传递核心价值

标题通常是文章的主题,直接给读者传递整篇文章的重要信息,所以它的总结性和提炼价值更高。作为读者,通过标题传递出的核心价值,决定是否点击阅读这篇文章。

所以,在标题上下功夫是很有必要的。作为写作者,要思考标题价值观是否正向、能否引起读者共鸣、是否传递出重要信息、总结提炼是否到位等。在标题中，你就要给读者一种明确感，让他知道你的核心观点和文章价值，这样他就有动力阅读全文。

举几个标题传递核心价值的例子：

《5000年的中国历史，被浓缩成了这10句话！精彩！》

《他刷了10遍〈老友记〉，总结出一套万能公式，请自取！》

《100个潜规则，个个胜读十年书！（强烈推荐）》

在标题中，比较忌讳以下几种情况：太过冗长，抓不住重点；过于自嗨，不考虑读者；甚是夸张，超出预期。如果你的标题没有把核心价值提炼出来，读者就很可能感受不到文章的重要性，就会错过跟你文章的链接，大大降低文章的阅读量。

好的标题，能让读者一眼看过去，就决定要看这篇文章。作为写作者，在起标题上就要占尽优势，让读者赚到、爽到、吸收到。

2.4.3　筛选目标用户

我们平台的社群很注重一点，就是筛选目标用户。虽然我们做的是写作社群，但更注重长期成长，要筛选一批志同道合的人一起践行写作，践行成长。不仅要把用户往写作上带，还要把他们往更高处带，所以筛选用户很重要。我们需要培养跟随组织一起走更长时间的用户，而不是一次性的用户。

有了这个意识,我写文章更加聚焦目标用户了。做自媒体时间长了之后,你会发现我们不需要取悦所有的用户,只需要取悦那些愿意跟我们同行的用户即可。

比如,我写的一些关于写作方法论和学员写作成长的故事,这些文章不是所有人都喜欢的,但会吸引一些对写作感兴趣的,或者是有意愿加入我们写作社群的用户。

比如,我写《2020年,我要践行的20条梦想清单》,这篇文章不是写给所有读者看的,而是专门写给社群学员看的,带动他们一起来写梦想清单,制定一整年的事业目标。

所以写作时,要清楚你的目标用户是谁,写这篇文章是给谁看的,他们是否会认可你。做了明确的定位后,你的写作之路会变得更有价值、更有结果。

现在大家都比较注重垂直领域的发展,无论是写作,还是打造专家标签,都是如此。这样才能吸引到自己的目标用户,跟他们有更深层次的链接。

好的标题,价值是很明显的。这一节讲了拟定优质标题的三大价值,只有明确标题的价值,才会花时间来打磨优质标题,好的标题绝对会给你文章大大赋能。

2.5 如何写出吸引眼球的爆款标题

写好标题其实只有一个目的,就是激发读者点击文章的欲望。读者通过文章标题判断是否阅读。如果你的标题无法激发他阅读的兴趣,那么他就跟你的文章擦肩而过了。

写作者一定要了解标题的重要性,想尽办法起一个好标题。在新媒体领域流传着一句话:标题决胜负。我觉得很有道理,同样一篇文章，标题起得好与不好，阅读量是百倍乃至千倍的差距。我在头条的好几篇文章，因为改了标题，从几百的阅读量，直接上升到了几十万的阅读量。

我们写作三六五平台也接受学员的投稿，标题让我有好感的，我会更加留意他的文章。如果标题太过平庸，从某种意义上来说，文章的阅读价值也不高。当然，写作者能力非常不错，但标题写得不好，我也会帮他们来打磨。

既然标题如此重要，那如何写出吸引眼球的爆款标题呢？分享四种实用的写爆款标题的方式。

2.5.1 引发读者的共鸣

引发读者的共鸣，其实就是替读者说话，替他们表达他们想要的观点和思想。你要一下子抓住读者的想法，激发出他们的认同感和情绪。

公众号刚推出的那几年，我们总喜欢在朋友圈转发跟自己有共鸣的文章，通过文章来表达对某件事的看法和观点。也就是说这个观点，你很认同，这也是自己的思想和态度，你愿意借用此分享自己的看法。

比如，以下是我们公众号的文章标题：

《你的金钱观，决定了你的生命层次》
《真正的改变，从自我洞见开始》
《成年人的生存法则：只讲强大，不讲公平》
《最大的自由，来源于最严格的自律》

这些都是我们团队写过的文章，能够直接引发读者的共鸣，看到标题就想点开来了解一下或者直接想要转发。

当然，你可以反复打磨自己的标题，把它包装得更有价值，更能激发读者的共鸣。这样你所呈现出来的效果就更好，更能赢得读者的好感。拿两篇我们公众号文章为例。

《极简生活，让我们更厉害》，打磨成《真正的高手，都会极简生活》。这是我写过的一篇文章，这样看起来更突出、更精练一些。

《这个社会，没有公平，只有强大》，打磨成《成年人的生存法则：只讲强大，不讲公平》。这是我们内容团队写过的一篇文章，这样看起来更犀利、更有共鸣一些。

像这样能够激发读者共鸣的标题，一定要反复打磨，还要思考：如何能够更精练、更突出、更有价值、更有对比性、更有力量等，这样观点的共鸣就更强。

2.5.2 设置悬念，引发好奇

我在写文章时，经常会留意一些新奇的标题，这些标题往往呈现出非常规的逻辑。只要你经常注意这样的内容和标题，就会有极大的可能性写出新奇的标题。

这种激发好奇心的标题，会让人有直接点开标题去寻找答案的欲望。这是人性面对未知的需求，每个人都需要。

比如，以下这些文章标题：

《为什么有些人，明明很闲，却能赚到很多钱？》
《你不快乐，你焦虑恐惧，都是因为这个原因》

《判断一个人是否有钱,就看这三点》
《想明白这个问题,你会少走 1000 条弯路》
《有多少人,最后嫁给了高中同学》

像这样提问的方式,会加大读者的好奇和讨论,还会激发他们的转发。这种起标题的技巧,也是我们团队常用的,你学习一下,就能直接上手。记住,让读者充满好奇心,激发他们阅读的热情,这一点很重要。

这种标题的练习方式也很简单。你平常多列一些引发好奇的标题,然后去分析它们,看看哪一些比较适合你,同时也符合你写标题的风格。只要不太偏执的,你都可以直接模仿运用。

2.5.3 向读者展示回报价值

什么样的标题会获取读者的注意力?我的答案:给读者提供好处和价值的标题。因此,你要思考:如何在标题中展示跟读者有关并有价值的内容,让读者看到这个标题就愿意来阅读和转发?

比如,以下几篇文章的标题:

《15 分钟带你读完〈影响力〉这本书》
《想快速提升写作能力,读完这 5 本书就可以了》
《关于演讲的秘密,全在这里了》

这三个标题,一下子就可以吸引你的注意力。因为你看到这些标题,就会知道这篇文章里有你想要的内容。

打磨文章标题时，要问自己：我的文章能帮助读者解决什么问题？我能为读者提供什么有价值的内容？读者看完我的文章后，有什么样的启示？

你要学会在标题中满足读者预期，激发他们想要看的欲望，这样读者就会点进来看你写的文章。

比如，这篇文章原标题是《带你读懂财富自由之路》，你可以重塑价值，让读者更有动力来阅读，把标题改为《看不懂财富自由之路，只要看这30句话就够了》。简单地做一下修改，就可以大大提升文章的阅读量和转发率。

2.5.4 借最新热点，传递时效性

刚开始接触今日头条时，我觉得这是一个新闻娱乐平台，想了解有什么最新热点事件，直接上头条就可以了。头条的流量很大，因为新闻娱乐是每个人的需求，这种需求是永久性的。

作为新媒体写作者，一定要了解新闻的价值，并且要善于借热点新闻写文章。

比如，以下这些文章的标题可为我们写作借势：

《这，就是中国的主张》
《明天有大事！三大亮点提前看》
《六六地域黑事件：不迁怒，是最好的教养》
《刚刚，大骚乱中，这个国家力挺华为》
《巨星陨落！科比，再见》

热点新闻是人与人沟通最好的方式，对于热点新闻，人们

保持着最强的敏感性。比如，篮球巨星科比坠机去世，一整天我们都被这条新闻包围。

新闻的价值在于，你能捕捉它的时效性和紧迫性，让你有快速了解它的冲动，它的视觉冲击力是极强的。因此，写作者一定要擅用新闻的价值，借势创作。

以上四种起标题的方式都是很实用的，可以根据具体内容使用具体的方式。学习起标题的方法也很简单，每天看10个标题，写10个标题，这样训练两个月过后，你打磨标题的能力就很强。要让标题成为写作的助力，写出阅读量、写出生产力、写出影响力。

第 3 章 框架思维：搭建文章骨架，打磨首尾价值

一篇文章的骨架，就是这篇文章的逻辑框架，逻辑框架越清晰，读者读起来就越轻松，当然对文章的认可度也就越高。如果一篇文章看起来杂乱无章，读者是没有兴趣阅读的，因为阅读这篇文章很吃力，抓不到重点。因此，写文章之前，首先要打磨好文章的逻辑框架，这样你在写作时，就会更加清楚该怎么写好一篇文章。

除了文章的骨架外，开头和结尾也起到了至关重要的作用。开头决定了读者是否愿意往下读，结尾决定了读者是否愿意为你转发。打磨好开头和结尾，让你的文章价值更上一层楼。

3.1 如何搭建文章逻辑框架

很多新手在写文时,通常是想到什么就写什么,根本不会提前搭建好逻辑框架和找好素材。这样会导致以下几个问题:

(1)写着写着思路就断掉了,然后就不知道从哪儿继续写下去。

(2)容易写跑题,有的甚至是离自己的核心观点十万八千里。

(3)逻辑严重不清晰,一度会出现混乱的情况,难有说服力。

优秀的写作者很少会出现这样的现象。原因是他们有经验、有方法、有准备,他们会先确定好主题,再搭建整体框架,然后寻找对应的案例和理论做支撑,最后构思一下开头结尾就可以了,一篇优质的文章就出来了。

做好前期准备,观点会更明确、逻辑会更清晰、论证会更精彩、写文速度会更快、文章质量会更高。

这样你的文章写出来之后,才更有吸引力和说服力,读者的满意度自然也会更高。因此,写作者都要学会搭建文章的逻辑框架。

关于如何搭建一篇文章的逻辑框架,分享3个关键点。

✎ 3.1.1 确定核心观点

万事开头难,难在哪儿?在于确定核心观点,也就是主题。一篇文章一旦主题确定下来,就有了写作的方向。这时,你再根据主题搭建框架，就清晰多了。如果主题确定不下来，那么就很难构思逻辑。

如何来确定核心观点呢？

确定核心观点，就是我们对发生的一些事件，去寻找一个自己认为对读者有益、有启发的观点。

比如，看吴军的《格局》，他拿整本书的内容深入探讨"格局"。看这本书的过程中，我就很想写"格局"这个选题。那一段时间吴军的这本新书正在热卖，各平台都在主推，我就借势写这个话题。果然写完之后，就有很多读者来阅读、学习，甚至转发。

因为有这样的事件和热点关键词做衔接，写出来就更有传播力。反之，你单纯写"格局"这个话题，如果没有找到一个热点事件做基础，作为新媒体文章，吸引力就降低很多。

谈到"格局"一词，大家都知道大格局有诸多体现和好处，但我需要找到合适的切入点作为核心立意。于是，列出了下面三个方向：

生意做多大，格局就有多大
格局决定布局，布局决定结局
一个人格局越来越大的3个迹象

经过一番深入思考，我认为直接写大格局的好处，可能没办法触动读者。因为这是一种顺向思维，符合读者思考的惯性，所以我就换了一种思路，聚焦到了"格局大的迹象"上，确定了标题《一个人格局越来越大的3个迹象》。

从这个主题出发，我脑中就有很多想法，也冒出了不少关键词，写起来自然就简单多了。

着手一篇文章，先要确定文章的主题，有了主题就有了方向。写文的方向就像一座灯塔，指引着你往哪写、写什么、写成什么样。

一篇文章什么最重要？当然是立意。古人讲：驭文之首术，谋篇之大端。这句话就是突出立意的重要性。立意就是一篇文章的灵魂，当你读一篇文章的立意时，就能感觉到这个作者的价值观和生命层次。因此，写文时必须先确定立意，再开始搭建整体框架和寻找素材，这样你才可以做到事半功倍。

✎ 3.1.2 搭建文章骨架

在翻阅一本书时，通常先去找这本书的核心思想，找到后，就开始找跟核心思想相关的关键词。

搭建文章的骨架，就是思考这些关键词，以及厘清这些关键词之间的关系。

比如，读《第五项修炼》这本书，我发现它的主旨是讨论团队核心学习能力，经过梳理之后，总结为五项能力：自我超越、心智模式、共同愿景、深度会谈和系统思考。

此时，还可以细分，自我超越和共同愿景属于激发热情和希望，心智模式和深度会谈属于开展反思性交流，系统思考属于理解复杂事物。

如果你要写这本书的心得复盘，框架一下子就出来了，分为三大模块、五项能力，文章的骨架就非常明显。然后，你根据这个框架来写，全文逻辑就非常清晰。

因此，搭建文章的骨架实质就是围绕核心观点厘清相关的论证关键词，把一个核心观点进行细化拆分，拆分成多个部分来做具体论述。

比如，我写《一个人格局越来越大的3个迹象》这篇文章，在搭建框架时，就思考与格局迹象相关的核心关键词。仔细思考过后，划分为三个模块：人生格局、命运格局、心智格局。厘清这三个模块后，就开始做细化的延展，细化这三个部分。

人生格局：主动拓展人生方向
命运格局：尽人事，仍需听天命
心智格局：仰望天空，脚踏实地

搭建文章的骨架，需要进行系统思考，也倾向于复杂性思考。关于文章骨架的关键词思考，给大家分享三个重要的思考方向：

拆分：把核心观点拆分成几个部分论述？
关联：要厘清关键词之间的关联，是并列，是递进，是对比，还是转折？
说服：列出的关键词是否充分具体，且小标题的打磨是否具有吸引力和说服力？

还是拿《一个人格局越来越大的3个迹象》这篇文章举例，首先我思考要拆分成几个部分论述。经过认真思考后，拆分成三个部分：人生格局、命运格局、心智格局。再厘清这三个关键词之间的关联，仔细分析之后，是并列关系，又带有一部分的递进。最后，再思考这三个部分论述得是否充分，并且打磨小标题的吸引力和价值感。

如果你打磨文章骨架时，拥有这样的思考方式，就可以很好地弄清楚一篇文章的逻辑关系和结构脉络，从而形成非常清晰而有说服力的思路。经常这样训练自己写文章，还能促进你全局性思考问题的习惯。时间一长，不仅文章写得好，而且系统思考能力也会大大加强。

3.1.3 填充整体内容

一篇文章有了灵魂和骨架之后，还需要做什么呢？

那就要填充内容了，内容包括充分的案例、翔实的数据、扎实的理论等。如果文章发在公众平台，内容还包括图片和视频。

只有把这些内容填充到骨架里面，一篇文章才真正丰富、立体，才会读起来更有共鸣。

在这些内容中，很重要的一部分就是案例，你可以全方位、多渠道来搜素精准素材。比如，常用的渠道有微信、微博、头条、百度、知乎，还有书籍等。但你要确保使用的每个案例，都要跟你的结论之间有严谨的因果和逻辑关系，而不是随便找些案例进行填充。唯有如此，读者才会觉得你的文章更有价值感和说服力，不然他有可能随时从文章中离开。

寻找适合且精准的案例，是需要下一番功夫的。首先，要知道找的是什么素材；其次，要正确地理解寻找到的素材；再者，要通过多渠道来进行搜索；最后，文章中一定要有生活经历和人生体验。

比如，我在写《吴军：你的见识，决定你的高度》时，用了一个"火车之父"斯蒂芬孙的案例，他从一个矿工成长为"火车之父"。使用这个案例就是来说明"教育改变见识，见识改变命运"。这是我在通读吴军"硅谷来信"专栏搜索到的案例，当然这是自己的阅读积累，然后通过搜索便能得到。

又如，我在这篇文章中谈到了命和运的关系，写到那些中大奖的人最后又把财产败光的例子。在里面我谈到，美国几乎所有中了大奖的人，十年内都会把几千万到上亿的财产败光，吴晓波在《大败局》一书中总结中国早期的股市冒险家们也都是如此。

使用这个例子来说明命和运的关系，作为充分的案例和扎实的理论基础。我是这样来做总结的：

> 人生不能只靠运气好，还得要认识命的重要性，要信命和认命。
>
> 信命是知道自己有所不能，认命则是不超越命运给你画的线。
>
> 要相信命运，不要对自己的过去过于自信；要对命运有敬畏心，相信自己不会一辈子都是坏运气。要发大愿，多行善事，严于律己，宽以待人，相信通过奋斗可以拥有更好的命运。

可能很多人一开始无法理解到这个程度，这就需要个人的生活经历、经验和对生命的领悟。只有理解到了这个程度，才能精准地把它表达出来。

因此，你会发现内容部分能够支撑起文章的整个骨架，让它彻底丰富、立体起来。然后，通过你一步步的演绎和阐述，让读者能跟着你的思路不断往前走，往下读。同时，也在不断地解决他心中的疑问，引发他内心强烈的共鸣感。若是读者看完之后说"写得真好"，你写文的真正目的就达到了。

当你想要写一篇文章时，就要按着这样的思路来写。先确定文章的核心观点，然后根据核心观点搭建文章的骨架，最后再填充整体内容。经过这三步之后，你的文章才能算是真正完整起来。

3.2 最常见的五种逻辑框架

一篇文章，当你确定主题后，就要思考应该用什么样的逻辑来写，才能将主题论证得更加清晰。

逻辑框架就是一篇文章的骨架，当我阅读一篇文章时，明确这篇文章讲什么主题后，就会去看它的逻辑框架。只有逻辑清晰、写得精彩，才会考虑去读这篇文章的其他内容。

作为一个成熟的新媒体写作者，应该对逻辑框架非常重视，因为逻辑结构清晰，你的文章才会有说服力。反之，读者会不知道你到底要讲什么。你需要用逻辑框架告诉读者要表达什么，他可以获得什么。

接下来，介绍五种最常见的逻辑框架。

3.2.1 经典的问题式结构

问题式结构在演讲表达时是非常常用的。我们把问题式结构划分为三个步骤：提出问题—分析问题—解决问题。把一个问题讲清楚，按着这个最简单的步骤表达就可以了。

我拿简单的卖课文案作为例子，如果是公司的文案写手，你需要为公司新推出的一门时间管理视频课程写推广文。一般的思路就是讲时间管理多重要，这门课的优势在哪里，以及购买方式等，如果只是这样写，很难引起读者的共鸣。

但我们按照新媒体写作的手法，可以采用问题式结构，首先从问题入手：

> 懒癌？事情不拖到迫不得已不做；
> 拖延症？想要实践的目标却一直没时间；
> 消耗时间？总把时间浪费在不重要的事情上；
> 睡不饱？上班又带娃，一天下来筋疲力尽；
> 分身乏术？工作/家庭/生活让你焦头烂额。

当读者读到这些问题时，其实已经产生了共鸣，他一定会有类似的问题存在。

接下来是分析问题。很多人认为，时间管理，管的就是时间而已。其实，时间管理的重点是管理你的心智、你的身体、你的资源和你的目标。

在分析原因时，一定要让读者产生信服感，觉得你说的就是这么一回事。

最后就是解决问题——那到底怎么办？给你推荐一门时间管理课程，老师很厉害、很专业，实践经验又很足，并且课程整体大纲很扎实、干货很多，还能满足意向用户的需求。这时，这篇文案的读者就有欲望购买你推荐的课程了。

这种三段式的文章，只要你掌握框架，写起来就很轻松。这种方式比起你直接卖课要好很多，它有着自身的说服逻辑，能够顺应读者的思维习惯，让读者很容易接受你要卖的产品。

📝 3.2.2 万能的总分总结构

谈到文章的结构，你可能最熟悉的就是总分总结构。

因为这是小学语文老师在课堂上教我们的作文结构。在网上你看到的很多文章都在用这个结构，包括自己在写每日心语时，最常用的也是总分总结构，真的称得上是万能结构。

零基础学员很适合用这种结构来学习，我也是经常拿这个结构来给学员做训练。接下来我拿学员阿明的一篇短文《学会闭嘴》做细化拆解。

学会闭嘴，不是让你不说话，而是指不要随意论断他人，因为事情的真相往往不是你想的那样。

来看一个故事：一位大款儿子带老母亲去镶牙，进了牙科诊所，母亲最后选了店里最便宜的假牙。

医生建议买个好点的，但是母亲一直拒绝，而大款儿子只顾自己抽着雪茄，打着电话，不管不顾。

这时候母亲颤悠悠地从口袋里掏出一个布包，一层一层打开，拿出钱交了押金，医生让一周后再来镶牙。

两人走后，诊所里的人就开始大骂这个大款儿子，说他衣冠楚楚，抽的是上等的雪茄，可却不舍得花钱给母亲镶一口好牙。

正当他们义愤填膺时，大款儿子回来了，他说："医生，麻烦您给我母亲镶最好的牙，费用我来出，多少钱都无所谓。不过千万不要告诉她实情，我母亲是个非常节俭的人，我不想让她不高兴……"

所以不要随意论断他人，眼见不一定为实，因为你不曾知道事情的真相。言多必失，话多不如话少，话少不如话好。学会闭嘴，是我们一辈子都要学的智慧。

第一个"总"字，是总结出一个结论。这篇短文的第一句，就给出了"学会闭嘴"的一个结论"不要随意论断他人"，很显然这是这篇短文的结论。

第二个"分"字，就开始论证，常用的就是"摆事实"和"讲道理"。在这篇短文里，用了一位大款儿子带母亲镶牙的故事，来做进一步论证。通过这样的一个简单故事，让读者逐渐明白"学会闭嘴"的真正意义。

第三个"总"字，回归主题进行总结或者升华主题。一般会用到"所以""总之"等词语，此时就开始总结全文。这时候，让大家再次意识到作者要表达的观点和态度。最后再次谈到了"不要随意论断他人""言多必失"，以此表达自己的观点。当然你也可以进一步来升华主题，拔高立意，进而提升文章的整体水准。

这就是万能的总分总结构，即"给出结论—开始论证—总结升华"。在写文时，这种结构最常用，也最好用，每个写作者都应该学会它。

✏ 3.2.3 并列式结构

并列式结构也是很常见的，要么故事并列，要么主体结构并列。

像我自己写文时，一般会选择主体结构并列，先打磨主体并列结构的框架，然后再搜索素材进行论证。

写主体并列结构，通常会选择3～5个小标题并列。拿一篇自己写的文章作为例子，这篇文章阅读量不错，也是聚焦到了当下的一种生活方式，题目叫《真正厉害的人，都会极简生活》。

搭建这篇文章主体框架时，我使用了并列结构，从极简生活的益处出发，划分为简单而清晰的三个点。

（1）极简生活，让我看清自己

（2）极简生活，让我守护心智

（3）极简生活，让我胸怀广阔

我的另外一篇文章，题目叫《我观察了 20 年，这 10 种极简生活方式，真的可以改变你的气场》，也是采用了并列式结构。这篇文章是 10 个观点并列，写的是 10 种极简生活方式。

（1）宁可陪家人，也不做无效社交

（2）避免空谈，只讲对人对己有益之言

（3）不刷屏看碎片化信息，喜欢阅读经典的书

（4）持续精进，做自己擅长且喜欢的事情

（5）穿着简单、不花哨，追求干净、舒适的自我体验

（6）对奢侈品不刻意追求，对品牌不刻意辨识

（7）喜欢自己做饭，热衷蔬菜，对肉的欲望减少

（8）健康饮食，喜欢喝茶、喝热水和吃水果

（9）和去健身房相比，更喜欢自然的户外运动

（10）理性消费，确定需要的东西才去购买

3.2.4 递进式结构

递进式大致分为三种：时间的递进，空间的递进，程度上的递进。

就像写一个人物的生命历程，随着时间的推移，人物命运不断发生改变，这是时间上的层层递进；把空间范围逐渐拉大，

从一个村，写到一个县，再到一个省，再到全国，再到世界，这是空间上的层层递进；从小我，到大我，再到无我，这是程度上的层层递进。

我写文也喜欢用递进式，这样可以层层深入。这有点像剥洋葱，一层一层拨开，直到挖掘出最本质的观点。读者看了之后，会兴奋地说："真的是这样，太厉害了。"这就是写作者想要的结果。

用我写的一篇经典文章作为案例，题目叫《人生的三重境界，你究竟在哪一层》。这篇文章，在搭建框架时就用了程度上的递进式结构，一共划分为三层：见自己、见天地、见众生。

（1）见自己：发现自己的禀赋，成为自己
（2）见天地：把小我境界拉升到大我境界
（3）见众生：完全放下自我真正实现无我

再用我的学员森森写的一篇文章作为案例，题目叫《为什么成事的只是少数人》。这篇文章，在搭建框架时也用了程度上的递进式结构，一共也是写了三点，层层递进。

（1）成长：向内寻找你的优势
（2）成事：专注力是最佳生产力
（3）成为极少数：树立高标准，不走寻常路

3.2.5 正反对比结构

关于正反对比结构，通常有三种对比形式：人与人的对比，

事物与事物的对比,以及观点之间的对比等。

使用正反对比,是为了更好地论证一个观点。用正反对比来写一个核心观点,可以让读者对你写的内容理解更深刻,当然内容本身的说服力也就更强了。

我们在打磨学员成功案例时,通常让他们用这种正反对比结构来写。比如,学写作之前是什么样的状态,什么样的生活方式;学写作之后又是什么样的状态,什么样的生活方式,甚至是做出了多少成绩,收入上涨了多少等。

这样的对比论证,对于读者的冲击是很大的,说服力也极强。如果是意向用户,他对于写作的目标非常渴望,看到这样的文案,就很容易付费加入你的社群。

我拿一篇学员慧子写的文章来举例,题目叫《一个写作小白,坚持写作两年,最终把写作当成了主业》,用的就是正反对比结构。不少人看了这篇文章后,给慧子点赞,加她微信,甚至加入了我们的训练营。

这篇文章的主体结构也是分为三大段,通过自身前后生命的对比来展开整篇文章的。

(1)起点之路:是什么激发了我开启写作之路

(2)写作因缘:跟随 Peter 老师深入践行写作

(3)达成路径:从写作"小白"到把写作当成主业

第一大段主要讲写作之前的想法和状态;第二大段是讲写作过程中的历练和心态;第三大段是讲写作后的重大转变和优异成绩。通过这样前后的对比,一下子把整篇文章的吸引力增强了。

这五种常见的逻辑框架,是写作中最常用的,当你确定好自己的主题时，就要思考哪一种逻辑框架更适合自己的主题，这样写起来更有价值感和说服力。

3.3 如何写好开头俘获人心

《从创意到畅销书：修改与自我编辑》这本书中提到了开头的重要性，它关系到读者是否有兴趣继续读下去。作者是这样说的："一个软弱无力的开场只能打消读者继续阅读下去的兴趣，一个扣人心弦的开场则让读者产生继续阅读的动力。"

开头是你给读者的第一印象，如果你在第一印象上就吸引了读者，那么就可以促使他继续往下读。反之，他就会跳出你的文章，不再阅读剩下的内容。

开头吸引不了读者，除了会大大影响读者整体的阅读感，还会败坏你的文章口碑。我在给学员讲课时，谈到要用心打磨开头，开头就能做到俘获人心。那到底怎么做呢？分享我常用的三种方式。

3.3.1 开门见山，明确价值

一般分为两种形式：一种是开头直接亮出文章的主题，告诉读者你要表达的是什么。另一种是在开头要告诉读者读完这篇文章，你会收获哪些价值，让他拥有直接的价值获得感。

写开头，我通常会让读者知道这篇文章到底说什么，他能收获什么，简单、直接、有效。

这种方式有点像演讲，开场就让听众知道你要讲什么，听完后他会收获什么。这样的话，他会更清楚你要讲的内容，并且更用心地来听你的课程。

为什么我会选择这样的方式开头呢？

因为这是一个信息爆炸的时代，现在大家获取信息的渠道太多了，如果读者能在你文章开头时，就能快速捕捉到他需要的价值，那么他在你文章里停留的时间会更长一些。

我在公众号上写过一篇文章，题目叫《这5本写作书籍，今天要隆重推荐给你》。

这篇文章的标题就亮出了价值感，同时，开头还明确了读者将会获得什么。此文阅读量是平时的5倍多，恰好满足读者的需求。此文开头是这么写的：

> 你好，我是Peter，这一期内容，给你推荐5本写作书籍。
>
> 这几本书，这两年市面上卖得都还不错。虽然都是写作的书籍，但由于作者本身定位和价值观的不同，内容的侧重点也不尽相同。
>
> 今天我以专业的视角来给大家做一一解剖，把每个作者最拿手的部分拎出来给大家做分享，希望你能够找到适合你的写作书籍。

我还写过一篇文章，题目叫《让人醍醐灌顶的5句话，每一句都值得你记一辈子》。这篇文章的开头也是开门见山，明确价值。开头就告诉你这5句话的价值：

> 人生中，一定有些话让你彻夜难眠，同时，也让你醍醐灌顶。

每每读到这些话，就犹如老天扇你一个巴掌，让你即刻顿悟。

下面的 5 句话，就是让我时刻记在心中，关键时刻让我醒悟，并值得你收藏一辈子的警句。

3.3.2 设置悬念，激发好奇

如果你在开头就能吸引读者读下去，那么他读完文章的概率就很大。如果你的开头很难吸引到读者，那么即使主体内容写得再好，读者也不会再读下去。

开头设置悬念，目的很简单，就是激发读者往下读的信心，顺便让他往后寻找答案。这就像跟读者在玩一个捉迷藏游戏，开头就告诉他：你要用心读文章，读完后就能找到最终答案，并且还有额外的奖励。等到他读完后，知道了最终的答案，就会说："原来是这样，我怎么没想到。"是的，这就是你期待的结果，也是给他的惊喜。

作为写作者，你既满足了读者的好奇心，又能让他完整地读完整篇文章，找到想要的答案，这也是一件很有成就感的事。

美国近代著名科幻小说家布朗，他的《最后一个人》科幻小说的开头是这样写的：

> 地球上最后一个人独自坐在房间里，这时，忽然响起了敲门声……

看到这里，你肯定会思考地球上只有一个人了，怎么还有敲门声，这到底是人还是动物？内心有惊悚，也有好奇，这就会带你往下读,去找答案。

这种开头的写作方式,就是设置悬念,激发读者的好奇心。

我拿一个关于理财投资的文案作为例子,文章开头是这样的:

> 普通人一直在拼命存钱,但是多年以后,他们依旧没什么钱。而富人们,一直在花钱、欠钱,很少存钱,但他们的钱越来越多。
>
> 那为什么普通人攒钱却变穷,富人花钱却变富呢?其实,这里面,隐藏着一个赚钱的大秘密。

就这样你会被代入这个文案中,急切地想要了解为什么会是这样,我该怎样才能变富。

这种文章之所以能让人感兴趣,是因为大部分人都不是富人,他们选择的方式还是存钱。这种悬念的设置对于读者很管用,吊足了他们的胃口,让他们自然地往下读,去找答案。

✎ 3.3.3 讲述故事,代入场景

很多新媒体文章,开头时会直接引用热点新闻,目的就是抓住读者想要第一时间了解的心理。通常借用新闻故事作为开头,效果极好。

有一位自媒体同行的公众号,非常擅长使用这种方式。

比如,他的一篇文章题目叫《杨文医生被杀5天后,凶手真实身份曝光:如果逆向检验人性,就去这4个地方》,开头是这样写的:

> 这件事,你应该在朋友圈里看到了:
>
> 几天前,北京民航总医院,医师杨文被一位患者家属杀害。
>
> 纠纷原因,竟然是行凶者要求医生,让他90多岁身患多种疾病的老母亲,迅速"能走能吃"。
>
> 杨文医生被害150个小时后,越来越多的真相开始浮现。

你会发现,通过热点新闻事件作为文章的开头,吸引力极强。因为每个人都有想了解热点事件的欲望,巧借热点事件,极大地调动了读者的阅读渴望。同时,这篇文章开头还设置了悬念,就更具有诱惑力了,迫使读者继续往下阅读。

除了热点新闻之外,还有一种方式,以自己和身边人的故事作为切入,直接交代时间、地点和人物。

比如,我在2018年底做年度彻夜反思时,写了一篇文章是这么开头的:

> 今晚出门了,22:30才回家,然后坐在沙发上听猫叔的年度分享,听完都已经凌晨1:23了。
>
> 我不知道为什么一点困意都没有,听完之后,内心震撼,久久不能平静,眼泪有点夺眶而出的感觉。

这就是以一个生活的故事直接代入场景,让读者了解到时间、地点和人物,发生了什么,为什么会这样,以此来吸引读者往下阅读。

平时你会看到不少文章,以身边朋友、亲戚或者同事的故事开头,这就好比你跟读者面对面坐着,然后你给他讲故事,在这样的场景和距离下,读者更容易倾听你的故事。

开头故事讲好了,对于阅读的流畅性和完整性有很好的辅助。如果你擅于运用故事作为开头,就很容易受到读者喜欢,俘获他们的心。

3.4 如何写好结尾刺激转发

很多人认为结尾不是很重要,稍微用两句话总结就好了。这样急刹车式的结尾,往往很难给读者带来好的阅读体验。我是很关注读者在结尾处,对文章留有最后的那份印象,因为这决定他们是否会转发。

如果你想把一篇文章打磨好,势必要在结尾处下功夫,像开头一样做精心设计。你在文章结尾那一刻,让读者依然感觉像读文章开头那样印象深刻,这样功夫就下到位了。如果开头和主体写得很好,结尾很烂,那么之前做的功课就白搭了。读者不仅会失去好感,也不会转发文章。

我们做训练营,有两个时间点会格外注意:一是开营时,一定要让大家感觉来对了地方;二是结营时,一定要让大家满心欢喜地结束,觉得这一次的写作培训旅程确实很有价值。

梁宁在讲"产品思维"这门课时,谈到了心理学上的"峰终定律"。就是用户的体验取决于两个节点:高峰时和结束时。她还谈到了亚朵酒店的案例,分析了亚朵酒店是如何设置峰值和终值的。

听到这个知识点,我非常有感触。读者阅读你的文章,如果你没有在结尾处给他留下良好印象,那么你的文章绝对是不成功的,因为关键节点没有把握好。

因此,你要在结尾做好设计,能够刺激读者读完文章后还愿意分享此文。那怎样才能写好结尾呢?分享三种好用的方式。

3.4.1 总结要点,升华主题

在结尾处,很常见的一个手法是总结要点,把文章的关键点进行梳理、总结。如果你能够在这个基础上再升华主题,那就更完美了,也更容易引发读者的共鸣。

我在《演了一生的戏,啥时才能成为自己》一文中,是这么结尾的:

> 人的生命,都会经历三重境界:
> 见自己,发现自己的禀赋,成为真正的自己。
> 见天地,把小我境界拉升到大我境界。
> 见众生,完全放下自我真正实现无我。

首先,我对于文章的关键要点,做了三点总结:见自己、见天地、见众生。其次,在总结中,做了主题的进一步升华:从发现禀赋成为真正的自己,到拉升到大我境界,再到真正实现无我。

这样的方式,就是把全文关键点进行总结升华。但总结时,要再给读者一些惊喜,拔高他们对于此文的理解。这样的结尾绝对是加分的。

之前我还写过一篇文章,题目叫《金钱的底线,就是原则的底线》。这篇文章是这么结尾的:

> 在赚钱节制这件事上,很多时候需要做自我管理和原

则捍卫。有时，也需要栽跟头，头破血流后，才能获取真正经验。

认真对待自己赚钱的方式和态度，知道什么钱可以赚，什么钱不可以赚。因为金钱的底线，就是你原则的底线。

这篇文章的结尾，就显得更清晰。一段做总结，另外一段做主题升华。第一段是向读者说明赚钱节制这件事，不仅要学习，而且还要有一些经验教训，这是对全文的总结。第二段是在这基础上做主题升华：俗话说"君子爱财，取之有道"，认真对待自己赚钱的方式和态度，知道什么钱能赚，什么钱不能赚，因为金钱的底线，就是你原则的底线。

以上两个例子，都是"总结要点，升华主题"的结尾方式。这种结尾可以带给读者更强的共鸣感，更容易得到他们的喜欢。对于新作者，可能"升华主题，拔高立意"很难做到，那么就做好总结，引发读者的认同感。

3.4.2 金句结尾，刺激转发

如果你使用金句式结尾，那么更容易引发读者的共鸣。因为金句本身自带共鸣和传播价值，能更好地刺激读者来转发。

罗振宇每年跨年演讲后，他的团队都会在公众号上提炼出本次跨年演讲的金句。有些金句在朋友圈会刷屏，它们的传播价值不仅很高，还能激发用户的共鸣。

我也是一个擅用金句式结尾的人，使用金句结尾，既能打磨自己的总结能力，还能让读者记忆更深刻。

有一段时间，我感受到四周的环境和自己都很浮躁，就写了一篇文章，题目叫《心沉下来，才能干大事》，此文我是这么结尾的：

> 一个人追求什么样的世界，就会成为什么样的人，做出什么样的事。
>
> 请记住，一个光明磊落、内心宁静强大的人才能带领自己和他人走向更加光明的未来。

我的公众号写成长类文章比较多，之前写过一篇文章，题目叫《你与高手之间的差距，就在于简单》，是这么结尾的：

> 当我们做自己的事业时，一定要静下心来。不仅要明确想要什么，更要明确不想要什么。这样才能更好地定位自己、修正自己、锻造自己。
>
> 不然你会像无头苍蝇一样，随时都会被带着走。这样你会经常感到茫然失措，也经常会感到焦虑不安。
>
> 真正的高手，一定从复杂的事物和套路中，找到真正的规律，化繁为简，直达本质，言简意赅。

我很喜欢看人物传记，研究他们为何能成大事。发现成大事者身上都具备一个共同点：心量大。于是就写了一篇文章，题目叫《判断一个人能否成大事，只要看这一点》，此文是这么结尾的：

> 一个心量大的人，他一定内心强大，做到足够平衡。同时，他也能保持快乐，心胸坦荡，积极利他。
>
> 因此，我们要时刻提醒自己：心量有多大，事业才有多大。

当然有些金句，不一定要自己总结，你还可以使用一些广告词、经典台词、名人名言来收尾，也是能很好地引发读者共鸣的。金句式结尾，给读者更强的共鸣和更深的印象。作为读者，他们可以直接转发"金句+文章"的形式到朋友圈。每个写作者，都要学会用金句式结尾。

3.4.3 情理之中，意料之外

在新媒体文章中，有一种结尾方式，我相信很多人都看到过。文章开头和主体在讲故事，但到了最后，话锋一转，一下子来了一个广告，这种属于恍然大悟式结尾。

作为读者，通常会顺着作者思路往下读，但猜到了开头，却猜不到结局。真有一种"情理之中，意料之外"的感觉。

给大家举一个比较经典的案例，欧·亨利写过一篇小说《麦琪的礼物》。故事是这样展开的，一对年轻夫妻生活很拮据，到了圣诞节，妻子特别想买一份礼物送给丈夫。最后，妻子卖掉了自己的长发给丈夫买了一条金表的表链，然后高兴地等丈夫回家。丈夫回来后，他居然卖掉了他的金表，给他的妻子买了一套精美的梳子。

这篇小说是很有意思的，从文章开头根本没有办法猜到结局，只是讲了生活如此艰难，妻子却想办法给丈夫买礼物。到了结尾，终于真相大白，夫妻两人虽然生活窘迫，但为了彼此都能舍弃最心爱的东西，很是让人感动。

这种恍然大悟式结尾，给读者带来的就是意外的惊喜，像张嘉佳和大冰这类畅销书作家非常擅于使用这种结尾方式，很受读者喜爱。

还有一种方式，在新媒体文章中出现很频繁。就是前面一直在讲故事，等到结尾，突然来了一个很有价值的广告。话锋一转，情理之中，意料之外。

拿一篇秋叶大叔的文章《他和他，七年有痒》举例。文章前面的内容，一直都在讲李海峰老师怎么打入他们团队，一步步拉近两人关系。一直在讲故事，一直在做铺垫。到了最后，剧情反转，推出了李海峰老师的人际关系训练营。一个广告居然被写得如此出其不意，并不会让读者反感，反而让读者感觉到他们两人之间关系甚好。

这样打广告，是符合读者阅读习惯的。同时，还容易让读者接受。一些老读者看了就会埋单，据统计两天卖出去了1500多份499元的人际关系训练营。

这个结尾方式，我在团队里跟伙伴们分享过。读完后觉得作者很用心，文案也极其精彩，一步步深入渗透，最后实现成交。恍然大悟式结尾非常适用于写文案，除了意料之外，还有不错的惊喜。

写好一篇文章的结尾极其重要，以上三种结尾方式是我经常在写文时用的。当然，还有一些不错的结尾方式，你也可以进行参考和模仿。总之，结尾要精心设计，才会给读者留下最后的好印象，并且愿意为你转发。

3.5 打磨小标题的三个技巧

一篇文章打磨完开头结尾，很重要的一部分就是打磨小标题了。小标题就是文章的骨架部分，打磨小标题跟打磨文章标题一样重要。读者通过大标题了解你的文章，通过小标题了解文章的骨架，而小标题的吸引力决定是否要再读主体内容。

因此，我会强调写作者重视小标题的打磨，越是在碎片化阅读的时代，越要注重小标题。小标题越精练，越有吸引力，读者的阅读感就越好。

我经常通过小标题了解作者要表达的内容，小标题其实就是主体内容的概括。我会通过小标题来判断，每个小标题底下的内容值不值得花时间阅读。如果小标题写得不大好，或者吸引不了我，我就会跳出这篇文章。

小标题写好了，能够很好地吸引读者阅读，提高整篇文章的阅读率。如果你的小标题逻辑关系很强，那么就能很好地吸引读者阅读了。

比如，我读一篇文章，点进去之后，看到小标题很吸引我，简单精练，层层递进，把我牢牢吸引住了。如果做不到这些，就会影响我对文章整体的阅读。

那到底如何来打磨小标题呢？分享三个技巧。

3.5.1 学会提炼小标题

提炼小标题，考查更多的是总结能力。一篇几百字乃至上千字的主体内容，提炼出一个小标题，最核心的就是对内容的理解和概括。

拿我写的一篇文章中的某个主体部分举例，内容是这样的：

> 上帝在给整个宇宙设计时，做了精妙的设计，他深明因果和守恒，因此他设计了这样的一个枷锁：
>
> 凡是让你痛苦的东西，最后一定可以成全你；那些把你带到极乐世界的东西，一定会让你遭受常人难以抵抗的痛苦，你需要睁大你的眼睛，看到这一切。

我记得在大学时，有一次，庆祝同学生日，跟他们打牌打到凌晨四点。这过程中，吃喝玩乐，真的可以说是爽翻了。

但极爽过后，面临的却是内心极大的空虚和落寞，那种由内而外的痛苦感，我至今还记得。从那以后，我再也没干过这样的事。

当初在看严歌苓的《妈阁是座城》时，看到了赌徒在赌博时的极爽，但是失败后离开赌桌的那份空虚与痛苦，一下子就跟我对上了。

不要追求那份极爽，因为背后都是你看不到的痛苦，所以古人说：简单、素朴、清心寡欲，是非常有道理的。

这一大段内容，我总结的小标题：让你极爽的，皆会让你痛苦。当读者看到这个小标题时，就知道我要表达什么。同时，他在看完你写的内容时，对小标题的理解也会更深刻。他会觉得你提炼得简单、精练，能够直接传达核心内容，这对读者理解整篇文章是有极大帮助的。

一个简单、精练、有说服力的小标题会大大增强读者的阅读兴趣，他们会顺着小标题去读其他的内容，这样能有效增加他们读完文章的概率，对文章后期的传播很有利。

3.5.2 依次完善小标题

一开始提炼小标题可能没有那么精练，也没有那么有吸引力。没有关系，可以先概括出要表达的主要观点，等你写完主体内容后，再来进一步打磨小标题。

我写文时，通常先确定主标题，然后再列出小标题。列小标题时，我会先根据自己的理解列出来，然后再做调整，等到主体内容写完后，再次打磨，直到满意为止。

比如，《疫情下创业者的窘境，每一条都很真实》这篇文章中，我刚开始提炼三个小标题时，是这样写的：

（1）如果不转变，就会等死
（2）跪着也要活下去
（3）要么倒闭，要么追求卓越

大家看到这样的小标题，整体感觉还可以。但是我在写完整体文章后，又进一步完善了小标题，将其打磨得更加有吸引力：

（1）要么转变，要么等死
（2）要么坚持，要么放弃
（3）要么卓越，要么普通

你会看到，每一个小标题都进行了重新打磨，而且字数都是8个，更简单，更精练，更有逻辑层次，更有吸引力。

完善小标题时，我在思考怎么能够更突出，更有逻辑层次，同时对读者更有吸引力。接着，就开始琢磨其对称性、逻辑层次和吸引力，经过打磨完善自己很满意，阅读量整体也不错。

所以，当我们完善小标题时，不用一开始就追求完美，先完成，再迭代，最后打磨到自己满意。如果你一开始就追求完美，那么很可能一直纠结在标题上，不知道要花多少时间才能把文章写完。

3.5.3 设置多级小标题

如果一个小标题里的内容太长,两三个手机屏幕都放不了,这时候可以设置多级小标题,也就是二级、三级小标题。

这种方式通常在"是什么—为什么—怎么办"的写作结构中出现,比如一篇文章谈到"怎么办"时,会给出多个方法或者操作守则,这时就需要二级小标题,乃至三级小标题了。

拿学员慧子的一篇文章《一个写作小白,坚持写作两年,最终把写作当成了主业》举例。里面最后一个小标题"达成路径:从写作小白到把写作当成主业"中的内容是这样写的:

> 仔细想想跟着Peter老师一起写作的这两年时间,我也舍弃了很多东西,不仅仅把写作当作一种生活方式,而且把写作当成一种生命修行。
>
> 想想那时候,自己每天上班八九个小时,晚上还要留时间来写作,想要写得多一些,写得好一些,就意味着你睡觉、休息和娱乐的时间就少了一些。
>
> 但从一个写作小白,成长为今天的点评导师和写作社群运营负责人,感觉这一切都是值得的,我也没有后悔过。
>
> 当Peter老师后来邀请我一起跟他做写作社群,才真正意识到,我已经从写作小白,成长为开始把写作当成主业的人了。
>
> 我不禁感叹:写作让我从一个懒惰的人,变成一个可以向勤奋靠近的人,从一个写作新手,成长为以写作为生的人,只要你选择相信,写作小白通过跟对组织,也可以靠写作为生。

我真的很庆幸自己加入到 Peter 老师的社群，跟随着一步一步离专业更近，我也见证了他的社群一步一步靠近专业，我是其中的获益者。

那么，我是如何通过写作社群，一步一步从写作小白，到一个优质的写作者，然后靠写作为生的呢？我觉得以下几点甚为重要。

1. 完成老师布置的任务

进了写作社群之后，我才认识到写作社群布置每个任务的合理性，老师会根据学员的进度来安排作业，让很多零基础的伙伴能够把学到的东西用起来，这对我来说，真的很管用。

刚开始接触写作社群时，我很喜欢学员之间的互相点评和老师的点评，有温度，同时，也很客观地来做鼓励和引导，这让我有了写下去的信心。

写作过程中，难的是什么呢？我觉得就是坚持和信心，这无疑对于每一个写作者都是一个坎，但每每看到老师的点评和学员同桌的鼓励，我又燃起了写作的信心，觉得我自己真的可以做得更好。

特别是一个写作小白，在刚开始写作时，最重要的就是简单、相信、听话、照做，这八个字对我刚开始写就很受用，当我完成了作业，并且内容很优质时，自然会得到专业老师的点评和鼓励，这增强了我写作的回路，让我更有信心了。

后来，我的一些文章就能出现在老师的公众号和头条上了，还能拿到一些稿费，不知不觉我从一个写作小白，成长为一个可以拿稿费的人了，这离我把写作当成主业更近了，我真的很开心。

2. 找到社群中你的位置

无论是谁，当他能够在一个组织中，找到自己的位置时，那么他就可以成为这个组织的中坚力量，这真的是极其重要。

我记得在2018年，Peter老师这边缺少一些优秀的运营人员，我当时抱着试试看的心态，接了社群运营的活，一下子让我从很多学员里面脱颖而出了，我成为写作社群的得力助手，让我有机会链接到社群中的任何人。

这对我来说，真的就是宝藏。论以前，我哪有机会认识和沟通一些比我更厉害的人，现在我可以跟他们去交流，沟通一些需求和帮他们对接一些资源。

我感觉自己在社群中的位置越来越明显了，也越来越熟悉自己的运营路径了，帮助整个团队把社群服务和点评做得更好，这就是我存在的价值。

正因为此，我找到了跟Peter老师一起做写作社群的机会，去年下半年，他主动邀请我加入他的社群，给他做全面的运营服务，我也毫不犹豫地答应了。

想想这些，当初不就是因为想多付出一些，却在不知不觉中，找到了自己的位置，然后成为这个组织真实的力量，给这个组织创造更大的价值。

3. 学习榜样，成为自己

当我们看到一些优秀伙伴的故事，常常会被他们激发着，因为他们真实地通过自己的行动做到了，但在这种激励过后，想想自己，是否能够像他们一样，也能拿到成绩，做出结果？

此时，我想起了一句话：

学习最好的方式不是一个人默默努力，而是经常接触比你厉害的人或者是比你强10倍的人，跟这群人一起交流，当你有这样的机会时，你的成长远超你的预期。

我对这句话深信不疑。

我觉得自己无论在写作还是在社群运营的路上，光靠一个人，是很难达成目标的，一个人之所以有成绩，是因为经常请教比他厉害的人，通过跟牛人聊天，快速调整自己的努力方向，才能做出不错的成绩。

在这一年多的时间里，我一直会跟Peter老师私下请教，看看他是如何看一个问题的，以及他自己的写作和成长方法论，在跟他讨论的过程中，我有了很大的改变，我感受到自己的底层逻辑越来越清晰了，同时，也能更大地发挥自己的价值。

很多人觉得自己不优秀，然后就不敢请教别人，这样的状态是不好的，越是感觉自己不足时，越要厚着脸皮请教别人，这样才会让自己更有能量，未来才有能力帮助其他人。

如果自己都没有什么能力，写作能力都不是很强，怎么能够帮助其他人呢？我觉得最好的方式就是：学习榜样，成为自己。

一个人走得更快，一群人走得更远。

我很坚信这样的道理，你不可能只靠一个人就能做到无比自律，你更需要的是找到这样的一个学习组织，让自己融入其中，一群人共同奋斗，这样组织的能量才会更强。

一个社群，之所以有魅力，就是因为这个社群里有很多有魅力的人，真正的学习一定是建立在群体协同进化基础上的，但同时，只有自己真正做到了，才能用生命影响生命，用行动影响行动。

这么长的一大段如果没有二级小标题，就会让人看得很累，但有了二级小标题之后，不仅逻辑清晰，而且阅读起来更顺畅。在"达成路径：从写作小白到把写作当成主业"这个小标题下，还有三个二级小标题，使得文章结构更清晰。

（1）完成老师布置的任务
（2）找到社群中你的位置
（3）学习榜样，成为真正的自己

打磨小标题需要建立这三个思维——学会提炼小标题、依次完善小标题、设置多级小标题，可以使得小标题更好地切合主题，更有吸引力，同时小标题之间的逻辑性更强，说服力也更强。

第 4 章 内容填充：积累和搜索素材，搭建素材库

搭建好框架后，接下来就是内容填充了，要让文章更丰富、饱满，就需要填充具体的素材，好的案例能够让文章更精彩、更有说服力。

对于素材，自己的积累是很重要的一部分，很多人都会调用自己的经历和身边人的故事，这些都能够很好地辅助自己写作。但如果储备的故事不多，就需要搜索素材和搭建素材库了。搜索素材，可以让你更直接地找到合适的素材。搭建素材库，可以让你为自己的写作之路储备足够多的可调用素材。这样在写作时，才可以真正做到事半功倍。

4.1 日常生活中积累素材的三种方法

李笑来说:"好的例子都是攒出来的。"

我很赞同这个观点,好的素材真的就是在生活中不断攒出来的。有时候,为了找一个经典的论证案例,不惜花费几个小时。这让我不得不意识到要多攒好素材。因而我专门下载了一个手机 APP 来积累素材,里面有个小文件夹专门记录新点子。

普通人写文时,通常会先调用自己熟知的素材,如果找不到合适的,才开始选择去搜索一些经典的素材做填充。假如你没有在生活中养成积累素材的习惯,写文时会浪费不少时间。

当然,作为写作者应该做出更好的选择,你可以拿笔记本来记录素材。就像作家李欣频一样,每次写书,只要调用她本子上记录的素材和灵感就可以了。当然你也可以像我一样,用合适的 APP 来积累经典素材。

那到底如何有效积累呢?分享三种好用的方式。

4.1.1 随时记录灵感和心得体悟

我有一个习惯,就是随时记录灵感和心得体悟。看文章、看书、看电影、跟人聊天等,都会有一些新的点子和想法。这时候,我会立马记下来,作为写作的观点和素材。

比如坐车时,我突然有了新的想法,就会拿起手机立马记下来。

又如,我经常跟学员语音沟通,沟通时会碰撞出新的思想火花,我会立马记下来,思考它们可以用在什么地方。

我有个习惯,晚上睡前会看一会儿书,让自己的心静下来。晚上 10 点左右,如果心足够静,比较容易生发出灵感。这时候的灵感和对于生活的感悟特别多，抓住这些特别的时刻，把那些想到的、领悟到的写下来，它们都是极好的写作素材。

因为随时做记录，我累积了很多的写作养料，在创作中能够有持续的源泉，在做分享和写文章时可以随时调用。我经常在社群里做分享，一年得有上百场。就是因为长期记录灵感和总结，让自己有了随时随地能总结分享的能力。这无疑在培训事业上给了我莫大的帮助。

关于随时做记录，给大家推荐两款好用的工具。一个是锤子便签，另外一个是自己的微信。比如，你在走路、做饭，或者坐车时，突然有了灵感，你就可以拿起你的微信，给自己发消息做记录。你也可以直接在锤子便签上记录总结，我一年有成百上千条这样的记录，有时一天能记几十条，都是通过锤子便签完成的。

每次查看时都很方便，我也会经常翻阅之前记录的内容，每周做一个系统复盘。长期这样做，除了让你养成随时记录和随时总结的习惯外，你的思路也会更开阔，更容易串联很多的关键词和概念，让自己拥有网状思维并做到融会贯通。

✍ 4.1.2　随手摘抄和收藏重要内容

我从上大学时就养成了随手摘抄的习惯，凡是觉得好的内容，就会摘抄到笔记本上。

现在翻自媒体文章、阅读书籍、听课程多一些，凡是那些让我有感觉的片段，我都会摘抄下来。特别是一些精辟的观点、金句和台词，我会选择用有道笔记摘抄下来，找到合适的时机就拿来用。

演讲教练龙兄在一次线下课中谈到，他有个习惯，就是搜集金句。他把一些具有杀伤力的金句用在课堂和作业中，效果很不错。在坚持星球每日打卡中，都会有金句这个栏目。这些都是在生活中留意和摘抄的，并不是他凭空原创出来的。

每年到了罗振宇"时间的朋友"跨年演讲时，总会出现不少的金句，有些金句传播度还挺广。比如，2019年的跨年演讲，有几个金句很是触动我：

> 我一直沉浸在如何解决自己的问题中。
> 不要走在我后面，因为我可能不会引路。不要走在我前面，因为我可能不会跟随。请走在我的身边，做我的朋友。
> 预测未来的最好办法，就是把它创造出来。
> 一个人的梦想只是梦想，一群人的梦想就能成真。

这些金句都不是他创造出来的，而是随手摘抄，然后在关键时刻把它们演绎出来。每个人都可以做到，你也可以随手摘抄，然后在关键场合把它们运用出来。

除了金句，还有就是重要的段落和文章，你都可以收藏。比如，我专门用印象笔记来收藏重要文章。这些文章我可以随时来调用，有些会做细化研究分析，有些在写作和分享中直接会用得到。

比如，我在写"见识"这个主题时，就需要调用吴军《硅谷来信》里的内容，只要搜索一下就能找到。不然要翻书查阅，会很耗时间。

重要的素材和文章，我都会做分类。甚至有些会打重要标签或者符号，提醒自己这篇文章很重要，同时也方便自己来查找或者搜索。

📝 4.1.3 用心观察和真实体验生活

生活中最大的素材一定来源于生活本身,如果你是一个用心观察生活、感知生活和体验生活的人,我相信你一定能够捕捉到足够多的素材。

我写得最多就是自己的践行故事。写作五年多,就拿自己写作的故事来说,可能三天三夜都写不完。从一开始简单记录没人看,到开始写朋友圈分享,到初期经营自媒体,到写出一篇又一篇的小爆款,到后来自己做写作培训指导学员写作,再到自己开始写书等,这些写作经历中的各种故事,我都可以信手拈来。这些故事一定是最好的,最能给人启发和力量的。

一个好的写作者,一定擅于给自己创造难忘而有成就的经历,也擅于去践行一些理念赋能自己。人生最好的素材就是自己丰富的经历,每个人都拥有独一无二的故事版本。

当你经常把这些故事收集并且记录下来,那么等到你要用的时候,就可以很方便地来调取,因为这些东西是最能触动人的。

除了自己的故事,还有就是需要你用心观察生活。人有五觉,视觉、听觉、触觉、味觉、嗅觉,经常调用它们能加强生活的感知力,这对一个优秀的写作者是极其重要的。

比如品茶时,就可以调用自己的味觉。去感知这种味道,写作时只需要把这个体验通过文字传递出来,就可以成为写作中很好的素材了。

我很喜欢一本写作的书,叫《写出我心》。这本书谈的便是写作,它也谈到用写作来修行,帮助自己洞察生活,使自己心神清澄。书中谈到可以把写作结合于生活的各个方面,如跑步、绘画、读书,或任何你所喜爱并决心在生活中从事的事物上。

我是一个写作者，在教学中经常提到的两句话是，"写作是一种生活方式"，"写作是一种生命修行"。我把写作融入生活，通过用心观察和真实体验生活，就可以把写作这件事做得更好。

有一次，我出门散步，看到路边一个外卖快递员横躺在电瓶车上睡着了，这让我极受触动，感叹生活在底层的艰难。第二天，就写了关于外卖快递员的一篇文章，还成了一篇小爆款。

用心观察生活的人，能够从生活中捕捉到很多细节，这些细节帮助我们更深层次地理解生活、理解自己。

很多优秀的作者，在写自己的作品时，都要去真实体验作品中的生活，这样才能更细节性地刻画出人物角色。就像很多演员一样，当她去演一部戏时，需要躬身入局，把自己放进这个角色，将自己完全渗透进去。只有这样，她演出来的角色才能逼真，才能更靠近人物本身。

所以，不要怕没有素材，只要你运用这三种方式，就有源源不断的素材了。

4.2　日常搜索素材最重要的五个渠道

广泛而精准地搜索素材是一个优秀写作者的必备能力。有时候，我们写文章，就是需要一个非常贴切而有说服力的案例，这对文章的论证是非常有帮助的。

很多新的写作者搜索素材会停留在百度、公众号和书籍上，这是远远不够的。如果你想要把文章写得更好，就得扩大搜索范围，使用更加精准的素材。这时，便需要你去调用一切可以搜索的渠道，直至找到满意的为止。

我在写文时，一般先用自己的经历或者自己熟悉的素材，然后再通过外部搜索素材，这样内外结合能使自己更好地驾驭一篇文章。

那到底如何搜索素材呢？分享五个重要的渠道。

4.2.1 四大门户网站

四大门户网站是新浪、搜狐、网易、腾讯，这四个网站定位有所不同，新浪偏时政，搜狐偏娱乐，网易偏品质，腾讯偏生活。

门户网站，大家至少要关注一个，这些门户网站的信息广度很好，可以让你涉猎足够多的信息。有时候，作为个人，涉猎的信息还是太少，大多数只停留在微信、百度和头条的生态圈，这样信息会受到严重阻碍。

作为写作者，特别是写新媒体文章，我们要涉猎足够多的信息，才能够找到合适的观点来写。涉猎信息足够广，你就可以客观地写出自己的见解。就像我们写一个观点，如果只是看了几个作者写的，就以为这是所有看法的全部，那就大错特错了。

浏览这些门户网站还有一个好处，就是你能够看到很多新颖而吸睛的标题。其次，你还可以学到写标题和做选题的技巧。

4.2.2 垂直行业媒体

垂直行业媒体的搜索，会让你的素材更加精准，比如，个人成长类的，你可以搜索@罗辑思维、@刘润、@L先生说、@连岳等。

还有一个很方便的途径，就是在百度上搜索相关的垂直行业媒体，会出来很多权威的网站。你可以沿着一个网站，再搜索出其他的垂直网站。这样你的信息来源就更多，也更容易找到适合自己的素材。

在公众号、头条、知乎、微博、百家号这样的平台，其实也有很多的垂直号，你可以沿着垂直号来搜索，比如，你搜"育儿"，会跳出很多育儿的自媒体，在里面你可以找到相关领域的诸多内容。

4.2.3 优质自媒体号

我比较喜欢搜索一些优质的自媒体号，有些号的价值很高，内容也做得特别好。这些号里面一些优质的文章，你可以收藏做好便签。当你要调用时，就能很快地搜索出来。

可以把一些优质自媒体号加星标，作为重点关注对象，定期翻阅他们写的东西，作为自己素材和观点的来源。

有时候，我特别关注一个公众号，就会格外注意这个号的价值，会翻这个作者的很多文章。只要是他写的东西，都会重点留意，重要的地方还会做笔记和重点记录。那么，这种号对你来讲价值就是相当高的。当然，这不仅是为了涉猎素材，还能深入了解这个作者做的内容、做内容的态度，以及他的思想和为人。

4.2.4 专业书籍和课程

我的素材还有一部分来源是专业书籍和课程，比如，写一篇干货类文章，我就会翻阅比较多的专业书籍和搜索一些课程，来做素材积累。

写干货类的文章，重要的是如何把这个点写全、写系统、写深入。如果你的积累量不够，那么就需要借助专业文章、书籍和课程。因为他们的总结更加系统，这样会给你带来重要的参考和知识框架的补充。

比如，我在写时间管理这个话题时，就阅读了相关的一些专业书籍，还听了一些讲时间管理的课程。综合考量后，才动手写这篇文章，这样文章写出来价值感就更高。

我刚开始做写作培训时，翻阅了大量的写作书籍，还听了他们的课程。这些都给我提供了很好的参考价值，让我在备课时能够给学员更多的干货。

📝 4.2.5　个人整理素材库

还有很重要的一点，就是个人整理的素材库。我自己的素材库一般分为几类：一类是自己的故事和思考，另一类是身边人的故事和思考，还有一类是名人的故事和思考。这三方面的内容给我提供了很多不错的写作素材。

我手机上有几个很有用的工具——锤子便签、有道笔记、印象笔记。锤子便签专门记录自己的思考，有道笔记专门记录重要文章和内容，印象笔记专门做一些收藏。不同的工具，使用的方式也截然不同。

作家李欣频有个习惯，就是用纸和笔记录，所以，她写书时就很简单，只要把她之前做的笔记拿出来就可以了，然后闭关写作，一段时间就能生产出一本书来。

每个人都要有自己的素材库，这样你在写作时就可以随时调用，而不用特地再去搜索内容了。

以上的五种搜索渠道，只要你能够熟练整合在一起使用，就可以帮助你搜到任何有用的素材了，这样会更好地助力你写作。

4.3 搜索优质素材的四个重要技巧

很多新作者跟我抱怨：搜索优质素材太难了，要花好长时间。

这个很正常，对于自身积累不多的作者，写文时就得花大量时间找到精准、合适、精彩的素材，这样才能把文章写得更出彩。

优质的素材，一时间想要找出来还真不容易。首先，得花时间；其次，需要积累；最后，需要技巧。

上一节我们谈到了搜索素材的重要渠道，这一节就要学会搜索优质素材的技巧了。有效的方法能帮助我们减少搜索素材的时间，减轻搜索素材的压力，同时还能整合更多优质素材，真正做到事半功倍。

在这里，分享四个重要的搜索技巧，帮助大家找到优质素材。

✎ 4.3.1 耐心是最大的技巧

写作过程中，我给学员灌输最多的就是这两个字：耐心。

路遥在创作《平凡的世界》时，花了三年时间搜集素材、体验生活。如果没有足够的耐心，又怎么能找到实实在在、真真切切的素材呢？

所以，搜索素材最大的技巧就是：耐心。

为什么同样写一个主题，你写不过别人，为什么人家的素材比你的更有说服力？答案很简单，就是别人在搜索素材上花的时间比你更长。

2019年除夕夜，我写了一篇文章，这篇文章花了三天时间来寻找合适的素材和故事。正因如此，此文有了很高的阅读量和100多人的打赏。

我一直在倡导"写作是一种生命修行"。修行本身最大的功夫，就是修自己的耐心。这是一个浮躁的时代，人人都想着速成，如果你比别人多一些耐心，就可能多一些机会做成事。

我很喜欢曾国藩提倡的"拙守"品质，在万物互联、人人都想走捷径的时代，能够做到"拙守"，就是一种精神和境界。

越是伟大的成就，越是需要下笨功夫来完成，耐心就是其中最大的技巧。

✐ 4.3.2 多渠道搜索

写文最忌讳的就是观点太片面，这说明你的视角不够客观。如果能够多渠道来搜索，你了解的信息量会更大，那么你的表达会更精准。

在进入一个新领域时，我通常会涉猎足够多的信息，这些信息来源于多渠道。这样做的目的，是让我更详细地了解一件事，从而在表达时更客观、更到位、更精准。如果你只是看了几篇文章，或者是几本书，就去表达，你的观点一定比较片面，也一定无法触动读者。

同样是写一个人，比如雷军，除了在百度上搜索，还可以在微信、知乎、头条、微博，以及一些门户网站上搜索。当然你还要翻他的传记，听他之前的一些演讲和重要讲话。这些都会帮助你全方位了解这个人，这样你在写作时，一定更详细、更精准，写出来之后更能触动读者。

我在写一个观点时，有了自己的构思后，就会去搜索关键词，看看人家是怎么来写透这个观点的。通过多渠道搜索，会搜出许多文章。我会拆解这些文章，同时也会做解读，然后丰富自己的观点和论点，让自己的表达更全面、更细化、更到位。

多渠道搜索，给了你多一些的视角判断，也会让你有多一些的素材。这样写出来的文章会更具体，故事情节会更丰富，论证也就更有力了。

4.3.3 关键词搜索

在百度搜索刚流行时，很多人就开始使用关键词搜索了，直接通过搜索关键词就能搜索出自己想要的内容。但后来，百度广告太多，你可能需要多关键词才能找到想要的精准内容。

关键词搜索在其他平台也可以运用，如微信、头条、知乎、微博、门户网站等，你都可以用关键词搜索来找到想要的内容。

我在写文和找内容时，通常用关键词来搜索。比如，我要写马云的文章，了解他过去的一些故事，在各平台直接搜索"马云"二字，就能跳出诸多文章。比如，在微信上搜索，你可以根据阅读量来筛选优质文章。在头条上搜索，你可以根据留言量来筛选优质文章。

除了单个的关键词搜索，还可以多关键词搜索。比如马云+雷军，马云+马化腾，马云+李嘉诚，马云+稻盛和夫……

你会搜索出两人相关的内容，这样搜索内容更细化、更聚焦，也更容易找到想要的素材。当然你还可以沿着这个轨迹，把马云跟其他人的内容搜索出来。

这种多关键词搜索法，也是在做筛选，筛选出更细化、更精准的内容。如果你单纯搜索马云，一定有超级多的内容，但如果你搜索"马云+雷军"，一下子就把范围缩小了。如果你再叠加一个，那么范围就更小了，更容易搜索出你想要的内容。

4.3.4 百度重要搜索技能

在百度搜索上，我学到了两个很实用也很重要的搜索技能，跟大家分享一下。

第一种形式：Filetype：doc，搜出来的都是文档形式。在这里有一点要注意，如果你想搜索 pdf 格式，把 doc 改成 pdf 就可以，Filetype：pdf。同理，ppt 也是如此，把后缀对应地修改一下就可以。比如，你要搜索知识付费 Filetype：pdf，那么你搜索出来的就是知识付费 pdf 版本的行业报告。又比如，你要搜索雷军 Filetype：pdf，那么你搜索出来的就是雷军 pdf 版本的内容了。

第二种形式：关键词+site，这是一种搜索限定。比如，你就想在知乎上搜索李嘉诚的信息，那么你可以这样来搜索：李嘉诚 site：zhihu.com。这样跳出来的信息都是知乎上的内容，很简单，很实用。又比如，你要搜索知乎上知识付费的信息，那么你可以这样来搜索：知识付费 site：zhihu.com。这样你可以看到知乎上很多关于知识付费的见解了。

掌握这两个搜索技能，会帮助你搜索到更有价值的信息，同时也会减少你的搜索路径。这也是我写文常用的百度搜索方式，对自己的写作之路有比较大的帮助。

写好文章，掌握搜索优质素材的能力很重要，以上四种实用的技巧，会帮助你在已有搜索渠道的基础上，更进一步优化你的素材积累能力，使你的写作之路更上一层楼。

4.4 处理优质素材的三个重要方法

寻找素材应该不是很难的事情，打开任何一个APP，都会有数不尽的素材和案例。那么，如何处理这些优质素材，整理成一篇我想要写的文章呢？

这确实是很多人想要问的问题，素材越多，越容易散乱，越容易造成写作者的困扰。这时候，有效处理素材就显得尤为重要了。

我在写文时，通常会列出逻辑框架，把要写的内容做一下梳理，特别是分论点。这样写完之后，就能有效地帮助我理解要表达的观点，同时也会更清楚自己要找什么样的素材。

比如，写《王阳明：人生最大的成功，莫过于这三个思维》这篇文章时，我先列出要表达的观点：

（1）清楚自己要什么
（2）所谓高手，就是简单
（3）人生终极秘密：不自欺

当我列出这三个观点时，有些素材已经在脑袋里形成，我把它们列了出来：

（1）分期付款的人生
（2）刚毕业时的人生追问

（3）君子爱财，取之有道

（4）达观法师的四个问题

（5）学员敬孝的故事

这是经过思考后列出来的一些素材，当我脑海中浮现出很多素材时，我会把它们全部写下来，然后根据主题做进一步的梳理。这样，你写文时会简单很多，不再因为没有素材或者素材太多而困扰。你会越来越明确你要表达的内容，并且会寻找到更加精准的素材加以论证。

到底如何才能有效处理一些优质素材呢？在这里，分享三个实用的方法。

4.4.1 总结归纳法

如果一篇文章主题确定好之后，你没有提前梳理直接来写，会发现写着写着就偏离主题了，而且还要边写边思考。这样不但没有加快写作的速度，还会影响文章的整体质量。那到底该怎么做呢？

我有个好用的方法：总结归纳法。主题确定之后，接下来开始做分论点的总结，从一个核心观点总结出3～5个分论点。之前我写了一篇以"赚钱方式"为主题的文章，然后根据这个主题，总结出三个要点：

（1）赚钱重要，还是值钱重要

（2）不要让一家公司限制了你

（3）赚工资不如打造个人影响力

根据这三个要点，我就可以更精准地找到匹配的素材了。总结归纳的方式可以很好地指引我们去寻找素材，这让你对整篇文章要表达的东西更加清晰明了。

之前围绕疫情写的一篇文章《疫情下创业者的窘境，每一条都很真实》，当时我就围绕2020年疫情下的创业者情况，提炼总结了三个要点：

（1）要么转变，要么等死
（2）要么坚持，要么放弃
（3）要么卓越，要么普通

这三点总结出来之后，就可以找合适的素材了。比如，在这一个要点中，我想到了受疫情影响最大的是服务行业，如餐饮、电影院、美容院、线下教育等，它们面临的不是复工，而是全面停工。

我还写到了新东方的例子。新冠肺炎疫情期间，新东方面临着七八万名老师不能正常上课的困境，老板俞敏洪不得不让这些老师转战线上。没有任何线上授课经验的老师也要学习，不然30年耕耘的新东方很可能就会倒闭。

处理素材时，根据总结出来的要点，挑选你觉得适合的优质素材，然后把那些不适合的素材统统去掉。这样你表达出来的内容，更加具有整体说服力。

写每日心语，我就一直在训练自己的总结能力，每一篇心语就是在表达一个观点。这些心语来自于我对生活的观察和体悟，当然，每一个心语我都可以展开写成一篇文章。

比如，我们团队加入了一些微商负责人，让我对微商的看法全面改观，于是就写了一篇文章《你的圈子这么窄，怎么能真正看懂微商》。对于优质微商的特质，我提炼出了八个要点：

（1）目标感超强
（2）带团队能力强
（3）做事情不磨叽
（4）付费意识强
（5）分寸感强
（6）赚钱能力强
（7）学习渴望强
（8）个人威信强

在罗列的时候，我写了有十几个要点，但后来经过筛选，最终留下了这八点，然后在这个基础上做了一些排序。之后，我就开始做简单素材的梳理，填充内容，就成了一篇传播率很不错的文章。

4.4.2 主题叠加法

主题叠加法就是，根据一个主题素材进行有效叠加，整合成一篇文章。

生活中，很多素材看起来毫无关联，但只要遇到一个合适的主题，这些素材就可以很有效地叠加起来，迅速成文。

2017年公众号"视觉志"发布的一篇文章《谢谢你爱着我》刷爆了朋友圈。这篇文章阅读量达6000多万，公众号粉丝增加了60多万，写文章的小编还被奖励了10万元。你会发现这篇文章就是围绕着"爱"这个主题叠加了一些素材，每个素材彼此独立，却让人心生感动，比如：

（1）无臂男孩叼着奶嘴给弟弟

（2）狗狗舍命救助被挡在路上的同伴

（3）老人穿旧衣纪念过世的妻子

（4）环卫工人剥鸡蛋给盲人乞讨者

（5）老师蹲在地上给学生补鞋子

（6）一位英语老师写给老婆的情书

（7）小猫守护去世的猫妈妈

（8）鸡妈妈保护孩子不离不弃

  这些看似毫不相关的素材，因为"爱"这个主题被串联在一起，使得这篇文章感人的力量大大加强。这种新颖的方式，赢得了读者一致的好评，让几千万读者为之动容并为其转发。当时我也是其中一员，不仅转发到朋友圈，还转发到了自己的公众号。

  当你寻找到的素材足够多时，如果能够找到一个合适的主题，就可以把这些素材串联起来，整合成一篇不错的文章。

  还有一些看似不同的观点，遇到一个合适的主题，也可以有效地叠加在一起，成为一篇优质的文章。拿《人民日报》上的一篇文章《自我提升的10个好习惯，请逼自己养成》举例，文章里提到了10个习惯：

（1）早睡半小时，早起10分钟

（2）少计较，不纠缠

（3）坚持运动

（4）欣赏别人的优点，警醒自己的缺点

（5）坚持每天阅读

（6）在失败中总结经验

（7）注意仪容仪表，干净清爽最重要

（8）一段时间内，专注一件事

（9）遇到难事，想办法解决而不是抱怨

（10）学会复盘、反思

这些观点，如果不是基于"自我提升"这个主题，可能你很难把它联系在一起。它们单独都可以写成一篇文章，但叠加在一起，用于写"自我提升的好习惯"，你会发现整体说服力更强了。

所以，无论是素材叠加，还是观点叠加，只要能够有效叠加在一起，都可以组合成一篇优质的文章。如果写作者能够养成这样的叠加思维，对长期写作是非常有利的。

4.4.3 逻辑推理法

逻辑推理是在原有观点上层层推导，直到把整条逻辑线打通。商业顾问刘润非常擅于用逻辑推理的方式写文章。他提到过"逻辑势能"这个概念，就是你的每一步都能引导读者的思想，能非常精准地揣摩读者是如何思考的。

提问，回答；再帮他问出来，接着再回答；再问出来，再回答。

所谓逻辑势能就是追求让读者看完你的文章后淋漓畅快地说："简直就是我肚子里的蛔虫，把我想说的话都写出来了。"

拿刘润老师其中的一篇文章《5个方面洞察项目：我如何判断一个项目能否成功》举例，当这个主题出来之后，就开始逻辑梳理和推导。

（1）是否用循环解决问题？
（2）是否把目标拆解为任务？
（3）是否有缓冲器？
（4）管理者的时间花在了哪里？
（5）会议最重要的议题是什么？

写这样的文章需要非常强的逻辑势能，然后用推理的方式一步步提问和回答，通过这样的方式做延展，很容易把一篇文章梳理出来。

我自己也采用逻辑推理的方式写过一篇反思文，里面通过一层层反思一步步自我解剖，过程是痛苦的，但反思是彻底的。

（1）反思一：没有把时间当成自己的命
（2）反思二：没有真正意义上打开格局
（3）反思三：没有把学习当成第一生产力
（4）反思四：没有学会处处想着做第一
（5）反思五：没有做到每天对一个人好
（6）反思六：没有做到在一个领域足够聚焦
（7）反思七：没有对团队的人高标准要求
（8）反思八：没有做到对社群人员严格筛选
（9）反思九：没有花时间建立信任影响力
（10）反思十：没有做到足够傻足够利他

听完一次分享，找出了自己跟分享者的10个差距，然后通过逻辑推导的方式呈现了出来。这样的文章，一旦能够深入解剖，是很能触动读者的。这篇文章我从凌晨1点半写到凌晨4点半，花了3个小时，5000多字。其间，我进行了深层次的自我反思，这种反思是痛彻心扉的，但效果也是非常好的。它让我在后来的成长中，获得了方向和力量，带领我走向更高处。

善用逻辑推理写文的人，一定是一个深入思考者，他会深入挖掘问题，直到把这些问题讲透。

因此，处理优质素材不仅需要对主题有清晰的了解，而且需要对要表达的各个观点也有清晰的了解。只有这样，才能更有效地寻找素材、匹配素材、植入素材。掌握了这三种处理优质素材的方法，对于自己的写作之路会有很大帮助。

4.5 如何搭建属于自己的素材库

我在写作时，经常会翻看自己的素材库，如果有比较合适的素材，就会直接拿来用。特别是我自己的一些经历和践行心得，融入写作中，说服力是极强的。

我平时非常注重这方面的积累，原因在于经常要写东西，同时也在为写书做积累。所以，那些优质的案例、故事、观点、金句等，我都会做记录和收集。这些都有助于我能持续输出优质内容，并且成为一个持续写书的作者。

如果有人问我：为什么要搭建属于自己的素材库？那我一定会告诉他：为了节约自己写作的时间，并且还可以让文章更精彩。

经常写作的人知道，搜索素材是很费时间的，特别是要寻找到称心的素材，那怎么办呢？

答案很简单：多沉淀、多积累，要用时信手拈来。

在这里，我来给大家详细分享搭建属于自己的六种素材库。

4.5.1 成功人物案例库

我最常写的两个路线是人物和观点,所以我会做成功人物案例库。在我写文的例子中,也常会引用到一些名人的经典语录和他们的故事,因而这一方面的案例库,我是必须要做的。

比如,马云的热点新闻突然出来了,我会调用之前搜集的名人案例库,去搜索与我观点匹配的案例。有时明明有些观点很想写,但就是没有好的名人故事做支撑。这个时候,就可以翻看自己平时的素材积累。

有些名人的故事是极少人能够调用的,如果不是你平时做积累,在突然要写时,你很可能搜索不出来。因此,大家积累这方面的素材库非常有必要。

特别是一些经典故事,你可以反复运用,不仅用在文章中,写书时也可以拿来用。

有些作者擅长写人物,除了经验外,他肯定还会非常主动地做这些名人素材的积累。需要调用时,就可以信手拈来,下笔如有神。

4.5.2 生活经历故事库

我在创作时,最常用的就是自己的故事。我认为,每个人的故事都是独一无二的生命版本,运用你的故事,对读者的冲击力会更强,更具吸引力。

比如,我在写"生命觉醒"的话题时,会调用做禅修的故事。我会思考,第一次禅修是什么时候,那时候想法是怎么样的,为什么会走上这条路。后来禅修时间长了,又是什么样的体验,有什么特别的经验,还有没有一些特别的经历等。

你会发现，最好的素材库就是自己的生活经历。你可以不用任何角色，自己本色出演，依然可以把这个角色塑造得非常好。

作家李尚龙写了很多畅销书，里面大多数都是他自己的故事，这些故事独特而有味道，是最好的卖点。

很多写作者跟我探讨如何写作时，我会直接跟他们说：为什么不写自己的故事，自己的经历呢？这些是你写作最好的素材，难道你还要写什么大道理让读者印象深刻吗？

每个人都应该在生活中找到素材，然后专门有记录这些的素材库。等你写文时，就可以很方便地调用，再也不愁没东西可写了。

📝 4.5.3 独特观点素材库

在我的素材库中，专门有一模块是记录独特观点的。这一方面的记录对一个成熟的写作者来说非常重要。为什么你比别人写得好？很重要的一点：你的视角跟别人不一样。

只有你的视角比较独特时，才能从众多文章中脱颖而出。就像写微头条，比较容易能成为爆款的，就是针对一些热点事件，你有自己独特的观点。

比如，我在思考当今时代为什么很多人不快乐，突然有一天我找到了一个观点：我们一直乞求别人的认可、尊重和欣赏。这个观点，得到了很多读者的认可，写出了一篇几十万的小爆款。

作为一个写手，一定要经常在阅读和生活中捕捉那些不一样的视角，及时把它记下来，整理成自己的观点素材库，这些都非常有利于自己写作。

比如，我是做社群的，当看到能够启发自己做社群的观点时，就会记录下来，思考它能够用在哪里。

我经常在社群做分享，而且每次都能分享出一些独特的观点，这是为什么呢？

这跟我平常注重建立独特观点素材库是分不开的。看书、阅读文章，以及听一些社群和课程分享，这些都能启发我。我会把要点记录下来，还会思考在什么场景下用，跟什么知识点进行串联。

我专门在锤子便签中记录新观点和新视角，调用起来很方便。

写作者要特别注重这方面的积累。如果你是一个经常输出的人，那就更要注意了，它是你持续写作分享的源泉。

4.5.4 重要金句素材库

从 2019 年开始，我就留意到金句的重要性，专门整理了一个文档，收集我认为重要且可能用得上的金句。

我会定期归类，定期删减，有些金句已经不适合我这个阶段了，就会直接把它删除掉。

在写文时，金句部分是很有必要的。比如，你在打磨完一篇文章后，就会留意这篇文章中金句使用的多少，有没有使用到位。金句不仅可以给你加分，也可以给你带来更多阅读量和转发量。

比如，我最近收藏了一些金句，"预测未来最好的办法就是把它创造出来""徒手攀岩的过程不是克服困难，而是习惯困难""假如你觉得教育的成本太高，试试看无知的代价"等。这些金句，你仔细分析，就会感觉很有味道，也会带来一定的传播率。如果你的文章中多了这些金句，自然会更加出彩，阅读量会更高。

📝 4.5.5 行业报告素材库

很多人对行业报告会有一些陌生,各行各业的行业报告到底有什么用呢?

一些专业人士很重视这一方面,因为通过定性和定量的研究,可以来辅助定位并且寻找问题解答方案。

不同的人由于经验和专业技能不同,对于各自领域的解读层次也不同。因而,各行各业的行业报告质量也不尽相同。对于写作者来说,可以根据自身经验来做判断和搜集,这一部分将会是自己很好的素材积累。

专业的写手更要特别留意行业报告素材的积累。有些行业数据,你是需要阅读这些报告才清楚的。这些数据写在文章中,更具有权威性和说服力。

为什么有人着力去收集这些数据呢?就是因为有用,能够反映行业发展状况,给行业人士提供重要参考。

这些行业报告有几个来源。首先,你可以直接在百度上搜索,会出现很多pdf格式的行业报告,有些需要付费;其次,你可以加入一些社群,里面会有人分享相关行业的报告;再者,你可以去参加一些行业峰会,很多嘉宾会做这方面的分享。

现在有些APP上也会专门做这一模块。比如,得到APP上,有些老师做的行业报告是付费的,这些更有权威性,更值得一些专业人士来做研究和参考。

📝 4.5.6 经典电影素材库

经典电影素材库主要是两方面内容:一是经典的桥段;二是经典的台词。

大家可以在知乎上查找历史排名前 100 的经典电影。在那些电影里，一定会有经典的桥段和台词。如果你能捕捉到这些，并且及时记录下来，对你写作会很有帮助。

像一些经典的桥段，即使放到多年以后，依然十分经典。比如，《泰坦尼克号》里面的那个桥段——男主角抱住女主角说："你跳，我也跳。（You jump, I jump.）"

还有《肖申克的救赎》里，男主角多年之后逃出来，在下大雨的夜晚流泪拥抱自由的那一幕，触动了很多观众。

还有一个板块就是经典台词，这是我比较喜欢收集的，举一些例子：

《大鼻子情圣》：我的心分成两半，一半因为责任留给我的妻子；另一半留在新桥底下，用此一生来思念你。

《阿甘正传》：生活就像一盒巧克力，你永远不知道你会得到什么。

《爱玛》：世界上总有一半人不理解另一半人的快乐。

《四根羽毛》：上帝会把我们身边最好的东西拿走，以提醒我们得到的太多！

《东邪西毒》：最了解你的人不是你的朋友，而是你的敌人。

《半生缘》：我要你知道，这个世界上有一个人会永远等着你。无论是在什么时候，无论你在什么地方，反正你知道总会有这样一个人！

擅于借助电影作为素材的人，他们更聪明，竞争力也更强。因为每一部电影都有故事、背景和经典的台词，作为写作者要随时能把这些融入写作中，自然会无往不利。

第 5 章 故事能力：写好独家故事，增强阅读体验

故事能力，是一个写作者的底层能力。一篇文章最多的部分就是故事，把故事写好了，可以很好地为文章赋能。故事相比于道理更容易传播，也更容易让人记住，擅于写故事的人也更受读者欢迎。

写故事，一定要写自己的故事，特别是写自己的践行故事。每个人都是独一无二的生命版本，自己的故事一定是最吸引别人的。所以，写好自己的故事非常重要，如果你能把自己践行的一些理念和成绩以故事的方式写出来，那么说服力一定会更强。这对自己是极大的优势，你展现的不再是文字本身，而是你自己。

5.1 每个人的故事，都是独一无二的

严歌苓说："写得最好的一定是自己的经历。"写故事，一定要学会写自己的故事。每个人的故事都是独一无二的，你写的故事也是独一无二的生命版本。

与其一直写别人的故事，不如用心生活、用心体验、用心践行，去写更多自己的故事，用自己的故事来影响他人。

我擅长于写自己的故事，也会教学员多写自己的故事，自己的故事更容易打动他人。如果你是一个经常书写自己故事的人，我相信你可以影响不少人，因为你的故事就是影响他人最好的工具。

5.1.1 最好的素材就是自己的经历

每当写文时，我首先考虑的是自己的经历能否写进去，这样去论证时，显得更有说服力。其次，才会挖掘身边人的故事，以及搜索其他的素材。

为什么我会这样做呢？

因为自己的经历就是最好的素材，如果不能把最好的素材加以使用，再去寻找更多的素材又有何意义呢？只不过多了一些填充、多了一些案例而已，创造自己的经历、活出自己的价值，是这辈子最有意义的事。

比如，我在写"写作生命修行"这个话题时，就用了自己的经历来阐述不同阶段的写作需求，读者看了之后是非常有感触的。没有什么比自己的经历更有说服力。

我们经常会掉入一个误区：以为越多的人看，越多

的人给你点赞,甚至打赏,我们写作的幸福指数就会越高。

2014年,我刚开始写作时,写作只是我反省的一个工具,写完之后,感觉今天又多完成了一项任务,虽然自己蹩脚的文字看着很别扭,但是我写完后,很舒畅。

2015年,我开始在朋友圈写动态,有好的感想、领悟,都会发出来,无论有没有人看,我都会写,也觉得将新颖的想法表达出来,很是欣喜。

2016年,我开始通过写分享来践行生命修行,修正自己,精进自己,只要写完,我就满心欢喜,干什么事情都有劲。

2017年,我开始自媒体写作,那时,我运营着一个6万多人的公众号,看的人多了,点赞的人多了,但我发现写作的幸福指数变低了,容易患得患失,经常追求高传播量和好评度。

有人说:当你的文章被更多人看到时,你写作的成就感也会越高。

事实并非如此,阅读量上来了,转发量上来了,却发现我们写作更向外求了,更多的是写给别人看了,而忽略了自己真正的写作需求,不是吗?

今天我们探讨写作生命修行这个话题,粉丝的增长、阅读量的提升、作品的积累,是否真正让你感受到幸福,还是徒增自己的贪欲,追求更高的外在目标,导致自己越来越焦虑?

我们不急着回答这个问题,但可以思考一下。

比如,写旅行日记,需要去创造某个地方旅行的经历。只有深刻经历过、体会过、感受过，才会有深的东西挖掘出来、写出来、传达出来，才会让读者读完之后有触动。

不亲身经历的事情，只是浮现在想象层面，是很难打动读者的。就像一个人没有写出过爆款，然后跟别人讲爆款逻辑，根本没有任何说服力。

如果你没有经历，就去创造经历，这对你写作很有帮助。严歌苓在写《妈阁是座城》这本书时，专门去了澳门赌场，亲自体会那些赌徒的心理状态。她感受到那些赌徒赢了又想赢更多、输了却不甘心的心理。她之前不是很理解，但经过几个月体验后，她更强烈地感受到了那种心理。等到读者真正阅读这本书时，就可以给他们造成强烈的共鸣。

当你有深刻的经历时，写出来的感觉是完全不同的。你不再拘泥于文字本身，而是给读者传达出强烈的共鸣。

5.1.2 用践行故事留住读者

好的故事，是可以留住读者的。作为一个读者，不仅会对你写的故事感兴趣，更对作者本人感兴趣。这样的故事写出来，才有更强的说服力。

我在教人写作时，常教他们写践行故事。如果你一直在写别人的故事，讲别人的那些事，读者可能对你写的别人的故事感兴趣，但对你本人却不感兴趣。这对于一个靠写作变现的人是很不利的，因为读者不认可你这个人，就不会付费给你。相反，你一直拿成绩说话，讲述自己是如何一步步做到的，读者就会对你感兴趣，甚至为你付费的意愿度也会更强。

比如，我经常写自己的践行故事，价值观践行的故事、成为行家的故事、写作变现的故事等。这些故事读者看了之后更有感觉，他们更愿意为这些故事打赏。当他们看到你一步步成长，更愿意相信你、支持你，甚至为你埋单。

我在写"割舍"这个话题时，就用了自己践行割舍的故事，读者读完后就能感受到割舍的力量。

生命有一堂必修课，那就是割舍，凡是难以割舍的，都负重难行。

问你一个问题：对于写作，你想如何割舍？

分享一个故事。我在2018年面临着这样的考验，我同时在做三种类型的社群，而且是不同领域的。

这样做的结果就是精力不够，任何一个领域都不能做到头部，所以，最终选择摆在了我眼前，到底要还是不要。

毫无疑问，我最终选择的就是割舍，割舍掉其他两个领域，留下最重要的一个领域：写作。

割舍是不是很痛苦？答案：一定的。

但不割舍会更痛苦，因为不割舍就是等死，正如这句话：舍而生，取而死，置之死地而后生。

听梁宁讲产品思维时提到过傅盛的故事，当时，傅盛从360离职，转到金山，也是面临着生与死的问题，不割舍，就等着慢慢死；割舍，就是置之死地等待后生。

后来，傅盛直接把所有产品缩减到两个产品，员工层级砍到三级，破釜沉舟，最终结果就是金山成功转型为一家互联网公司。

听到傅盛的这段经历，我由衷佩服，顶着巨大的压力，面对极大的阻碍，做出明智的割舍，这种勇气不输舍身炸碉堡。

一个写作者在面临到底写哪个领域，到底往哪深耕时，其实，也在面临割舍的问题，这难道不是一个重要的生命课题吗？

我在写作这条路上，看到太多的人不执着于一个点，追求散打的快感，最终被迫沉沦在写作圈，没有做出足够好的成绩。

如果没有断臂的决心，又怎能练就独一无二呢？

写作修行路上，面对重重诱惑考验，没有十足的信心和坚定的信念，又怎能到达黄金彼岸，领略与众不同的生命盛宴。

去年有一段时间给我很大考验，明知道拓展出来一些板块可以赚钱，但已经明确方向，只做一个领域，所以，宁可自己闲来无事，也要抵制自己在其他领域的拓展。

有人说，忙起来是好事，但那段时间我明白：闲下来就是割舍，割舍才是真修行。

每个人都可以成为独一无二的自己，前提就是：放下贪欲，学会割舍，坚定信念，持之以恒。

如果你经常写自己的践行故事，是可以留住读者的。读者更愿意跟一个不断精进、持续做出成绩的人往前走，而不是跟一个只会写文章，却不做实事的人打交道。

写践行故事，很简单。无论写自己的成长，还是写自己的成绩，就是写你是怎么做到的，然后拆解一个个步骤。

我擅长拆解一些大咖是如何做到的案例，然后找到那些关键的节点，思考自己怎么去实现这些目标。

因此，好的故事是践行出来，是干出来的，只有这样的故事才能留住读者，让读者更愿意相信你。

5.1.3 用自己的故事与他人深度链接

我做付费社群,写自己的故事有很大优势,能够跟读者产生深层次的链接。

什么是深层次的链接?所谓深层次的链接就是:读者能够走近你,从一个读者,转化为付费学员。从线上转化到线下见面,甚至成为你线下私房课的学员。深层次链接就是距离上的靠近,心理上的靠近。

作为写作者,不要只追求阅读量和粉丝量,而要追求用户是否跟你发生深层次的链接。只有用户更加靠近你,更愿意付费给你,他才会更加相信你,更支持你。

自己的故事有点像产品,你通过它实现跟读者之间的链接。然后,他们通过阅读和体验你的故事,跟你建立信任,为你埋单,进一步靠近你。

有一次我参加一个线下活动,在休息时间有人就走过来,跟我说读过我的文章,了解一些我的经历。这时候,他不仅请教写作的问题,还问我最新的作品,后来成了我的训练营付费学员。如果自己的故事能很好地传播,就是一个赢取信任的武器,能够很好地跟别人做深层次链接,甚至产生一些合作。

我在写作上走过不少弯路。以前只追求文章阅读量有多少,所以我会朝阅读量更高的方向去写作。同时,我还会追求涨粉,我认为粉丝越多变现就越好。后来发现错了,我只停留在浅层次的变现上,没有追求用户深度链接和用户终身价值。

所以写作者要做出更深层次的努力,不仅要写自己的故事,还要写践行故事,用自己的践行和做出的成绩来影响读者。让他们跟你一样,采取行动,完成自我蜕变。

每个人的故事都是不同的,我们要活出独特的生命版本,用自己的故事去链接和影响更多的人。

✎ 5.1.4 不断迭代自己的故事

我每年都会做一次年度分享，目的在于让我的学员了解到我在不断地迭代自己的故事，让自己的生命变得更高级。如果你一直讲过去的那些故事，每一年都差不多，没有特别大的改变，那么很多人就会对你失去兴趣，也不再会付费给你，进入你的社群。

每个人身上都有故事，为什么有些人一直会吸引着我们为他付费呢？因为他不断在升级自己的故事版本，不断地进行迭代。一段时间不见，又有新的故事，又有新的改变。这自然会吸引到不少人靠近他，向他学习，探究他为何能够爆发式成长。

我除了做写作培训，还在个人成长领域有着深入的研究。我发现，一旦一个人成长很快，就会吸引很多人开始靠近他，向他请教学习。我就是如此，通过不断迭代自己的成长故事，吸引更多人来靠近我，让他们加入我的付费社群，跟随我一起不断升级。

无论是写作还是演讲，如果你一直在传播旧的故事，我相信不少伙伴会对你失去兴趣。他们不再关注你，因为你很长时间都没有特别大的变化，不值得他们花时间向你学习。反之，如果你经常在传播新的故事，让别人感受到你在不断成长，那么他们就会持续关注你，并且有些人还愿意付费向你学习。

所以，我们要做一个能不断迭代自己故事的人，在别人眼中成为一个不断在改变的人。只有这样，你的存在感和价值感才会更高，才会赢得更多人的信任。

每年我都会写不少这样的故事，迭代别人对我的认知，如：《2019 年最后一天，我的 10 点年度复盘》《2020 年，我要践行的 20 条梦想清单》《人生最重要的是什么？2 月大复盘》等。

这些文章都是让大家通过我的故事，迭代对我的认识。只有你自己不断迭代，才能吸引大家来了解你，跟随你。如果故事中的你一直停滞不前，讲的都是过去的成绩，那么别人一定会认为你这两年没有好好努力，没有做出成绩，一直躺在过去的功劳簿上。这样的话，别人就会远离你，不再跟随你。

每个人的故事都是独一无二的，我们要学会创造好的经历，难忘的经历，有价值的经历。这样你在写作时，也会给读者带来力量，让他们不断见证你的成长和越来越精彩的故事。

5.2 写故事要特别注意的四件事

大多数人一直在看别人写的故事，但让他写一个故事，就显得有点难了。很多人刚开始写故事，他们经常抱怨不会写故事，即使写了也总是不满意。

这种情况势必会打击写作者的积极性。反之，如果故事可以写得很好，那么一篇文章通过讲故事的方式就能写出来。就像有些人在写自己的践行故事，能一气呵成，这样对他是很大的鼓励。

如果自己的经历和故事不多，那就需要寻找一些素材作为案例，这就要考验写作者整合内容的能力以及重塑故事的能力。

之前我们专门谈到过搜索素材，写故事就是从一大堆素材之中，找到最合适的那些，再用极其精简而又有逻辑的语言表述出来。这既要求写作者有足够的耐心涉猎信息，还要求写作者对素材有清晰的把控，是一种收与放的结合体。

对于写故事，要特别注意以下四个要点。

5.2.1 要有明确的主题

一个故事如果没有主题，就会让读者觉得你不知道到底要表达什么。这跟写文章一样，你需要告诉读者主题，让他知道你在讲述一件什么事，应该有什么样的领悟。

拿一篇文章来举例，题目叫《你知道捐款5000万的胖东来，到底有多牛吗？》。看到这篇文章的标题，你已经清楚了这篇文章讲的是胖东来的厉害之处，你可能也会猜到文章内容会涉及胖东来的经营秘诀。

这篇文章开头的一句话就起到了点睛的作用，"心里没有顾客，供什么财神都是无用的"，一下子道出了胖东来经营的厉害之处。然后你就会看到，整篇文章都是围绕这句话来阐述的。

主题明确有很大的优势。即使在阅读一篇长文，读者也会知道你在表达什么，也会因为你的故事产生共鸣。反之，如果一个个精彩的故事都是零散的，没有契合主题，这样是很难有说服力的。

5.2.2 情感要真实流露

写作者在创作故事，抑或是写自己的故事时，都会在故事里倾注真实情感。这样的表达才能深入人心，触动读者。让读者感觉你在面对面跟他讲故事，他的情绪随时能够被你调动起来。

我在写《彻夜反思》这篇文章时,真的是"满怀情感"地在表述,把自己内心全部的情感都倾注在文字中。开头的一部分,我是这样写的:

> 我深刻反思自己,感觉到自己在加倍地成长,而猫叔在指数级地增长。此刻,我扪心自问:是不是做错了什么,是不是哪里还不够好,是不是没有活出自己的生命版本?
>
> 几个为什么问下来,我的眼泪几乎夺眶而出,内心久久不能平静。
>
> 差距就是差距,在我心中,从来没有觉得我的能力差于猫叔多少,我觉得只是差时间。但此刻,我反思了自己10个不足,给大家一一道来。

写到这里,我的情绪一下子就迸发出来了。读者读到这里时,也能感受到我反思的情绪。我的开头迅速把读者代入情绪中,同时也激发他往下看。

在写作中,要表露出自己真实的情感,也要引发读者同样的情绪,这样你的表达才是有力量的。

5.2.3 写故事的十字标准

写故事,我们平台有十字标准:简单、精练、流畅、有说服力。

一个成熟的写作者,他会从开始的复杂、花哨最终走向简单、精练。这其实就是一种克制,古人一直在讲克己,这是一种很好的自我修行。

复杂和花哨的内容,总是涵盖各种修辞、各种细节描写,以及各种不必要的陈述等。而那些简单、精练的内容，总是让人觉得读起来流畅、精简、有说服力。这有点像刻画石雕，你需要把那些多余的东西全部削除，只留下需要的部分，这样更紧凑、更精致。

我在写83岁的王大医时，本来要写几大段来表述他身体力行的影响力，但后来用了很精简的一段话就讲清楚了：

> 我自己在做义工时，见到一位83岁的老中医，他坚持50多年免费行医。他每天都要按摩6~8个病人，给他们疏通经络治疗疾病。看完病，一分钱都不要，如此坚持了50多年，他真正做到了身体力行。

写故事也应该如此。用极其简单、精练的语言，把故事讲清楚、讲透彻，让读者更容易理解、深入人心、回味无穷。拿着这十字标准刻意练习，你会对写作理解得更深刻。

5.2.4 要相信读者反馈，避免自嗨

新媒体写作最忌讳的就是自嗨，如果你只是顾着自己写，却不考虑读者的反馈，那么你一定很难经得起市场的检验。

我在刚开始写作时，写自己的经历居多，但读者反馈却不大好。有时，我写得很嗨，相信文章一发出去就会受到读者的欢迎，但事实并非如此，大多数时候，读者并未给予我想象的好评。

为了能够让自己写好故事，你必须要涉猎更多别人写的故事。涉猎的面越广，越能打开自己的认知，从而不再拘泥于随便写了一篇就觉得很了不得的自嗨心理。

写故事跟写文案一样，不是每个人一开始就能写出"怕上火喝王老吉"，而是需要你通过反复的市场反馈，不断的修改，从而把控效果。

很多无比畅销的书籍，在编纂过程中总会做各种各样的市场调研，让读者来评分来筛选内容。没有读者的反馈，就没有畅销这一概念。好的作品都是经过一次又一次反馈修改出来的。

现在做课程、写书，都需要经过这样一个流程，以此保证作品能够有一个不错的销量。

5.3 串联生活中的故事，写成优质文章

生活中的很多故事，都是很好的素材，如果能串联在一起，就是一篇优质的文章。

不少人认为写文章一定要写特别精彩的故事，其实不是的。生活中很小的故事，只要能够触达读者内心，都是好故事，都可以引用在文章中。

写故事需要按照一定的结构刻意来训练。比如接下来分享的三种方式，都可以让你的灵感落地，让故事通过一定的形式串联起来。

📝 5.3.1 用日记体写作，记录自己的故事

日记体是我常用的一种方式，主要记录自己的故事和成长。日记体写作的特点是，有故事，有金句，有思想，将它们串联在一起，就可以成为一篇简单的文章。

比如，我运用日记体写作的方式，把生活中的故事记录了

下来。这些故事不一定要有串联，但这样串联在一起写很轻松，很容易就能把一篇文章写出来。

有一段时间比较流行写碎碎念，这就是日记体写作的一种形式。这种写作方式对于初期写作的人很适合，因为上手很快。

用最近发生的事开头，然后按顺序把这些事记录下来，每件事可以有总结和感悟，然后中间稍加一些写作技巧，一篇简单的公众号文章就出来了。

在刚开始写作时，我就是如此，更多的是做记录，传递自己的想法。我现在还会在微信上写这样的文章，来记录自己的成长。

5.3.2 用清单体写作，串联自己的想法

说到清单体写作，最具代表性的就是"罗辑思维"了，一般都是 8～10 个观点，然后整理成一篇文章。

有一段时间，我专门写清单体，写《深夜十则》系列。因为清单体写作很便捷，而且读者看清单体文章也会很轻松，所以平时我写一些感想时，常会用清单体来整理。做社群文字分享时，我也会使用清单体，简洁、清晰、有说服力。

我们做培训，需要梳理知识框架，清单体就是很好的方式。平时可以把一些要点整合起来，成为自己的知识框架体系，等真正要用时，翻一下整理的内容就可以。特别对于日更的写作者，如果没什么可写了，把这些东西拿出来，就可以写上很多篇文章。

除了像《深夜十则》这样的清单体文章，我还写过不少类似的内容，比如，《你与高手之间的差距，就在这 10 个特质》《所有的牛人，都在修炼这 8 种思维》《我观察了 20 年，这 10 种

极简生活方式，真的可以改变你的气场》等。

这就是清单体写作的便捷之处，平时稍作梳理，再寻找一些素材，就可以完成一篇优质的清单体文章了。并且这些文章写出来后，质量都不差，阅读量也还可以。学会用清单体写作，将会大大提升写作效率。

5.3.3　用问答式写作，解答他人的困惑

有不少公众号采用问答式写作，代表人物是连岳。他的公众号文章最大的特点是回答读者的问题很有温度和高度。比如《如何教育普通孩子？》《读法国大学，男朋友质量是否更高？》《别老想着逆袭，顺利不好吗？》。

问答式写作起标题也很简单，就是采用提问的方式，然后根据自己的经验和思考方式回答读者的问题。这样一问一答，就可以整合成一篇文章。

当然你可以在一个问题的基础上，再提出多个问题进行回答。比如那篇文章《别老想着逆袭，顺利不好吗？》可以拆解成几个问题：

> 什么情况下要逆袭？
> 为什么你想逆袭？
> 普通人该如何做出改变？
> ……

这样的拆解，就是一个简单的"是什么、为什么、怎么办"的模式，当然你也可以在这个基础上再加一些问题。问题越具体，你回答得也就越全面。

我做写作培训，主要写成长认知类文章，比较适合用问答式。我们平台在做优秀学员人物访谈时，用的也是问答式，提前把问题梳理出来，然后针对性提问。等采访结束，按照问答的方式整理成一篇采访稿即可。

如果你还是不知道怎么写，可以看看知乎、悟空问答、百度知道等问答类平台。很多作者在上面做解答，很多答案非常有参考价值。

学会这些串联故事的方式，你就能很好地来写故事，让这些写出来的文章打动你的读者。

✎ 5.3.4　用访谈式写作，写好牛人的访谈

牛人访谈，也是不少优秀写作者的内容来源，往往一次优质的牛人访谈，给到读者的启发和激励是很大的。这不仅让读者有收获，写作者也会获得一定的阅读量，同时，受访谈的人还会获取不错的曝光度。

我认识一位朋友，开了一个公众号专门做牛人访谈，她做这一方面是要收费的。因为在文章中可以植入访谈人的广告，给她引流变现的机会。这个思路非常好，不仅限于访谈文章本身，还可以实现内容变现。

访谈式写作，最主要的是写受访者的重要经历，因为这些特别经历让他发生了重大改变，这往往能触动读者。

在访谈过程中，需要通过引导和深挖的方式，来让受访者主动讲出他的改变历程和践行过程。之后，写作者要通过受访者视角，把这些准确、传神地表达出来，让读者感受到文字背后的力量。

我们平台专门有采访官，负责采访平台的牛人，比如，我

们的采访官暮晓采访超级赋能王的一篇文章《"超级赋能王"张胜萍：学习的底层逻辑就三点，用心投入、认真践行、反复琢磨》。

这篇文章通过时间顺序和递进的逻辑框架，以时间线作为主轴，以递进方式逐层表述，带着读者不断往下读，越看越有兴趣。我将内容拆解为5个部分：改变的缘起、用写作找寻改变、创建社群追求结果、向上学向下帮、持续不断赋能他人。

牛人访谈，每个写作者都可以来做，既升级了自己写故事的能力，同时还通过跟牛人之间的对接，升级自己的认知和思维，让自己在写作能力精进的同时，还能跟各路牛人建立不错的关系，彼此赋能，共同成长。

所以，只要你能掌握这些串联故事的写作方式，你就能把文章写好，写深入。有些形式，你可以专门做刻意训练，时间长了，就可以越写越有感觉，越写文章质量越高。

5.4 写好一篇逆袭故事，提高写作说服力

逆袭故事，在生活中是很常见的。特别是做培训的人，他们都会用这样的故事来宣传自己，让读者通过他们蜕变的经历，增强对他们的信任和好感。

还有些人会把逆袭故事拍成短视频或者纪录片，这样的冲击力和说服力会更强。

写好一篇逆袭故事，就能很好地建立自己跟读者之间的关系，同时，大大增强自身的说服力。

所以，我对学员的要求就是，创造逆袭的经历，然后写一篇逆袭故事，让自身在市场上更有话语权。

5.4.1 逆袭故事的重点是什么

逆袭故事往往具有一定的鸡汤性,看完之后会让你感到鸡血满满。某种意义上说,这种类型的故事调动了读者的情绪,让他们产生了强烈的共鸣。所以说,激发读者的情绪,是写逆袭故事的关键。

写逆袭故事,有一个很经典的结构是:冲突、行动、结局。

情绪之所以能被调动起来,是因为强烈的冲突,主人公想实现目标却因为重重阻碍实现不了。这种内心的对抗,我相信每个人都有过。如果你能把冲突化解,通过行动最终实现目标,那么给人的感觉就是酣畅淋漓。

就像电影《肖申克的救赎》中的主人公安迪,通过19年努力,挖掘隧道越狱,终于在某一天夜晚逃离了肖申克监狱,大雨中的他全然释放重获自由的喜乐。看到那一幕,我想不管是谁,都会被深深触动。

当你写故事时,能否像这种剧情一样,从冲突、行动、结局三个层面,一步步地带动读者情绪。从压抑很久,到全然释放,这种感觉非常棒。

5.4.2 逆袭故事的结构是什么

我比较喜欢拆解逆袭故事,很多逆袭故事都是一波三折的,这样写的目的也是吸引读者继续看下去。很多卖课文案就是这样的写法,讲述某某老师一路成长的历程,一波三折之后实现了自己的目标,最后推出他的一门课程。这种写法很有说服力,因为普通人都渴望实现某个目标,但他们现在还没有做到。

很多老师在舞台上讲述自己的励志故事,也是这种思路,讲述自己一路如何打怪升级,很有舞台感染力。

逆袭故事的经典结构包括目标、困难、行动、意外、转折、结局。

(1)主人公是谁?
(2)他想要实现什么目标?
(3)他遇到了什么困难?
(4)面对困难,他是如何做出努力的?
(5)结果又是怎么出人意料的?
(6)意外之后,他又是如何一步步搞定困难的?
(7)最终的结局是怎么样的?

通过这 7 个问题,一步步地去串联整个故事,然后每一个小故事中再加入一些金句,整个故事说服力就更强了。

很多大号都有这样的写法,如十点读书、读者、拾遗等。借助这样的结构来写人物类文章,既有温度,又有阅读量。

5.4.3 逆袭故事的情感和细节

写好一篇逆袭故事要把握两个要点:情感和细节。

我们看一些逆袭类故事,大多都是麻烦连连,一个接一个的麻烦,给主人公的内心造成极大的冲击。通过解决一次又一次的麻烦,才让这些压抑的情感得到释放。

所以,在写这类故事时,要把握压抑和释放的情感。压抑时,读者会感觉到喘不过气来;释放时,读者会感到全然放松。这样的情感对比,才会让读者读完故事之后有酣畅淋漓的感觉。

就像我们看马云当初做中国黄页时,一次又一次登门拜访,一次又一次被无情拒绝,那种内心的压抑传递出来是很难受的。但后来,阿里巴巴做成功了,淘宝和支付宝做成功了,大家看到了马云坚持的成果,看到了马云越来越自信和强大。

这两种情感前后对比,就是压抑和释放的绝佳呈现。我们在写作时,要把这两种情感传递出来,让读者真正感受到,这样才是完整的。

同时,逆袭故事还要有细节,只有细节才能触动人心。我在前面写自己的逆袭故事时,有描述到我在苏州出租屋写下"30 岁之前,要写一本自己的书"这一细节,从中可以看出那时的我是有自信的,给人的感觉是有希望的。

细节可以增强文字的感染力,让你表述出来的内容触动读者,让他们心中产生这样的想法:他居然会这样做,还真想不到。这样的细节才是有力量的。同样一篇故事,因为细节不同,产生的影响价值也会截然不同。

因此,在逆袭故事写作中,一定要把握住情感和细节这两个要点,这样写文才更有穿透力和说服力。

5.4.4 写一篇自己逆袭的故事

我建议每个人都要写一篇自己逆袭的文章,让大家重新认识你,重新走进你的生命。之前朋友圈有句话刷屏了,让人很有感触。

你为什么努力?

想去的地方很远,想要的东西很贵,喜欢的人很优秀,父母的白发,朋友的约定,周围人的嘲笑,以及天生的傲骨。

特别是最后五个字,看完后很带劲。人这一辈子时间很短,如果没有倾注自己的生命在拼搏上，枉来人世间走一回。

这让我想起《钢铁是怎样炼成的》书中有一段是这样写的：

> 一个人的生命是应该这样度过的：当他回首往事的时候，不因虚度年华而悔恨，也不因碌碌无为而羞耻。这样在临死的时候，他才能够说："我的生命和全部的经历都献给世界上最壮丽的事业——为人类的解放而斗争。"

逆袭的背后，是持续不断的努力拼搏。任何通往高处的路上都充满着荆棘与磨难，只有全力以赴为之努力，才有更精彩的故事和更优秀的同行者。

每一年都倒逼自己写一篇逆袭的故事，这样回顾一生时，就会觉得这是无比精彩的一生。

5.5 每个人都要写一篇个人品牌故事

无论你身处职场，还是自由职业，都要写一篇个人品牌故事。一篇好的个人品牌故事能很好地进行自我价值塑造，同时还能有效传播。

2018年我开启第二个公众号时，写了一篇个人品牌故事，到2019年还有人在看，在传播。有一次学员给我对接一位厉害的人，她就先把这篇文章发给那个人，后来就有了我们彼此的结缘。这说明一个好的个人品牌故事不仅可以增加个人传播度，还可以吸引到高质量的用户。

后来，我就开始重视个人品牌故事的打造，也鼓励每位学员都应该写一篇个人品牌故事，让别人深层次了解你和连接你。

5.5.1 用个人品牌故事宣传自己

很多人因为缺乏自我宣传的思维而错过了不少机会。不仅是做个人品牌的人，我觉得在职场的人更需要一篇个人品牌故事来宣传自己。

我们试想一个场景：你是一个新人，第一天去新公司上班，你在众人面前做自我介绍。但如果介绍完之后，你在团队群里发一篇个人品牌故事，大家对你的了解就更深入了。而且大家一定会对你刮目相看，觉得你又能说，又能写，专业能力还比较厉害，将来一定会上升到重要位置上，一下子就会对你重视起来。

一篇优秀的个人品牌故事，一定要多维度介绍自己，你的背景、成长、价值观、信念、经历、成绩等，这些都会立体、丰富地展示你自己。一篇个人品牌故事通过深度地介绍自己，可以拉近你与读者之间的距离，增强别人对你的信任。如果是在职场，同事和领导看到之后，还会给你提供额外的机会，这些都是个人品牌故事能给你带来的价值。

我在社群做分享前，一般先发一篇我的个人品牌故事，让社群伙伴通过这篇文章了解我这个人。如果他们对我感兴趣，就会在群里互动，甚至还会给我的文章留言打赏。这样不仅加深了大家对我的认识，而且还加强了对我的信任。

无论在哪个社群分享，我都会发这篇文章让大家认识我，走进我的世界。虽然只写了一篇文章，但是我可以在各个群里重复使用，其价值不亚于我的代表书籍。

个人品牌故事就是你的超级名片，不仅可以帮你做宣传，还可以帮你做超级链接。所以，无论你身在职场，还是一个自由职业者，或是一个创业者，都应该写一篇个人品牌故事。

📝 5.5.2 用个人品牌故事放大影响力

好的个人品牌故事，不仅能很好地宣传自己，给自己加分，还能放大个人影响力，增加链接他人的机会。

写个人品牌故事无非两点原因：第一，让别人认识你、了解你，并且喜欢你，连接你；第二，通过个人品牌故事，让别人相信你，并且愿意给你付费或者提供额外的机会。

比如，我是做写作培训的，写个人品牌故事，能够很好地让读者了解我，喜欢我，建立自己在圈子和行业内的影响力。个人品牌故事可以有效地帮助我销售自己的文章，而且我还可以通过它寻找到更多合作伙伴和合作机会。

如果有人因为我的个人品牌故事买了文章，我就赚取了收入。如果有人因为我的个人品牌故事跟我们合作，我就赚取了机会。如果有人因为我的个人品牌故事邀请我出书，我就获得了出版书籍的机会。

这些都是影响力的辐射，都是个人品牌故事给我带来的附加值，是非常有价值的。

有些厉害的人，会定期更新他的个人品牌故事，目的就是进一步放大个人影响力。有些人在自己的领域爆发式成长，他们不断迭代自己的成绩。成绩越好，影响力也就越大，那么他的个人品牌故事就越有威力。

比如有些作者每年都会出一本书，不仅做自我宣传，而且在不断强化个人影响力。很多人因为他们迭代的成绩，进一步靠近他，为他付费。

作为写作者，非常有必要写个人品牌故事，而且要定期更新迭代个人品牌故事。如果很难迭代，说明你一直停滞不前，这时候就需要反思了。如果能够一直迭代下去，说明你在不断超越自我。只有不断有新的成绩出来，才会有更多人不断靠近你。同时，个人影响力才会不断进阶，你才可以承接更大的机会。

5.5.3 如何写好一篇个人品牌故事

写好一篇个人品牌故事，不仅需要下功夫，还要有一些技巧。这样写出来的故事，才能深入读者的内心，让他们进一步认可你。在这里，分享五个关键点。

1. 明确写文目的

明确写文的目的，是我一直强调的。你要清晰地知道，写完之后，要促成一个什么样的结果，这是很关键的。

比如，有些人写个人品牌故事，就是为了宣传自己的产品。那么在写文时，就需要强化销售产品这个目的，故事中也要传达出产品的价值，这样更容易促成转化。

我在创建个人公众号时，第一篇文章就是介绍自己。目的是让大家通过这篇个人品牌故事了解我，认可我，喜欢我，同时关注我这个号。如果读者读完后能够产生这样的价值，那么我写此文的目的就达到了。

写个人品牌故事，让读者先认可你这个人很重要。因为只有认可你，才有可能购买你的产品和服务。明确写文的目的，让个人品牌故事发挥出更大的效用，这才是其价值所在。

2. 细化介绍自己

你需要告诉读者你是谁，因为大部分读者不完全认识你。我在 2017 年底开始做社群，在与对我社群关注时间比较长的伙伴线下见面、聊天的过程中，我发现他们对我的认识太少，信任度也比较低。

这让我认识到，原来很多读者根本不了解我，所以需要在每一次见面的时候正式介绍自己，让他们全方面了解我。这时候，一篇个人品牌故事就能够全面、立体地介绍自己，大家对你的印象也就更深了。

个人品牌故事中回答你是谁格外重要。介绍你是谁，包括你的名字，家乡，生活环境，读的大学，具体专业，工作背景，工作成绩等，这些都要呈现在你的介绍里面。让想了解你的人全面、细致地认识你。

3. 呈现成长蜕变

为什么有些大咖，你很喜欢他？就是因为他在不断变化，不断进步。你对他很感兴趣，特别是对他的经历和变化很感兴趣，你会想办法靠近他，向他学习。

就像我对马云一直很感兴趣，他开始创立海博翻译社，之后创立中国黄页，后来做了阿里巴巴，再后来淘宝、支付宝、淘宝大学等，现在又开始做湖畔大学和马云慈善公益基金会。他一直在变化，一直在进化，一直在更新结果。这是很吸引人的，这种人是超有魅力的。

我在写自己变化时，通常用到"过去—现在—未来"的结构。过去什么样，现在什么变化，未来什么规划。沿着时间线，逐步呈现自己的变化，这样写是非常容易的。

比如，我写自己写作的变化，会呈现写作前、写作后，做写作培训前、做写作培训后，创业前、创业后等不同的发展状态，这种以时间线为主轴呈现出来的变化，能够很直接地触动用户，给他们一些感动和启示，让他们更加深入地了解我。

4. 晒出你的成绩

一篇个人品牌故事中最有价值的是你的成绩，这对读者是很有吸引力和说服力的。因为个人品牌故事最重要的目的就是营销自己，如果连自己的文章都没有卖出去，那么想要销售你的产品是很难的。

比如，我晒成绩，会晒自己的作品，自己的高价值学员，自己获得的荣誉，自己的高端社群，自己的行业影响力，还有一些特别的经历等。

这些成绩对一些新读者是很有吸引力的，他们会觉得你很厉害。如果他们更深层次地认同你，还会购买你的产品，成为你的付费用户。

对于一般人来讲，没有这么多成绩，怎么办？

那可以晒一些你觉得很厉害的部分，坚持比较久同时又有成绩的。比如：坚持写作三年，坚持每天跑步五年，听同一首歌七年，坚持吃素五年，读书超过1000本，践行环保公益五年等。这些成绩，对于一般人是很难达到的，如果你能做到，那么你的成绩也是很有说服力的。

晒出你厉害的成绩，让别人愿意靠近你，你的成绩就是自己最好的宣传作品。

5. 真实又有价值

一篇好的个人品牌故事一定要经得起推敲，它的背后是两个字：真实。

何谓真实？真实就是能够真诚地分享你的经历，无论是光辉的，还是黑暗的，都能够让人感受到真实。

你需要更敢开地分享一些细节和特殊经历，抓住读者的注意力。如果你的故事跟别人的都差不多，那么是没有任何吸引力的，也很难影响到你的读者。

我在写自己的经历时，会谈到自己的出身，自己的失败，自己的不堪等，这些都是人性的背面，而恰恰是这些更能触动读者。有时候很粗糙地写，很难触动读者，加入一些细节，就更能体现出真实的一面。

比如，我在写自己为什么会开启写作之路时，提到了在丽江泸沽湖游玩之后，写不出心得体悟的痛苦和纠结，这促使我开启写作的决心。很多人读到这一段经历时，就会很有感觉，因为他们也遇到这样的窘境。

我在 2018 年面临重大抉择时，就写到了割舍时的痛彻心扉，那种极深的反思一下子跃然纸上。恰恰是这些内容，能够让读者感受到反省的力量。同时，也因为这样的深刻反省，才有了我后期的巨大蜕变。

真实有时候很简单，当你反躬自省时，就完全能够感受得到，当你真实面对读者时，他们同样也感受得到。

其次是价值。好的个人品牌故事，读者看完之后，就是想要帮你传播和转发。价值越高，越能激发他们的认同感；价值越高，越能触动他们的内心；价值越高，越能让他们快速建立对你的信任。

有一次我看到一位作者的文章，就立马被他吸粉，关注了他，并且还为他转发，推荐他的公众号，这就是价值最好的表现。如果你的个人品牌故事也能做到如此，就是一篇价值很高的文章。

好的个人品牌故事，需要用心打磨，一次次修改。如果你真的打磨出一篇优质的个人品牌故事，那么就能很好地宣传自己，加强个人影响力，最关键的是还能持续使用，让自己找到更多的目标用户。

第 6 章 写稿改稿：
完成胜于完美，改稿优化质量

写稿是第一步要完成的，只有完成了初稿，才谈得上改稿。如果你一开始就要求自己写出大师级的作品，那么就赶紧抛弃这样的想法。大部分初稿很可能自己都看不下去，但有一点很重要，就是你已经完成了初稿，完成胜于完美。

在我们平台，有一句写作口号：先完成后完美，坚持迭代。好的文章绝对是改出来的，改文章之前要把文章先写出来，然后修改到自己满意为止。很多人在初稿上反复纠结，花了大量时间，这是非常不明智的。你当下要做的，就是赶紧完成初稿，克服你的强迫症和拖延症。

6.1 如何克服拖延症，快速写完初稿

写作时，什么病最可怕？作为一个成熟的写作者，告诉你答案：拖延症。

有几种情景，你可能会很熟悉。刚写了开头，就想起有其他事情要做了；想想离截稿还有好几天，先做其他事情吧；写了一部分了，还是先休息一会儿，一休息就不想写了；本来今晚要写完的，看着还有不少，还是留给明天吧……

想要拖延，总有一万个理由，反正就是不想写。

我自己身上也有这种毛病。有时候，一篇文章上午本来就得写完，一早上不知道干了啥，刷刷手机，看看新闻，中午睡一觉，直到晚上还没动笔。

但后来慢慢通过自己的方法克服了拖延，现在的情况好了很多。在这里分享三个实用的方式。

✎ 6.1.1 降低初稿预期，完成胜于完美

很多人刚开始写作时，就给自己下指令，一定要写得足够好。说实话，对于新手来讲，这是很难的。即便是一些资深的写作者，也很难做到一步到位。

那怎么办呢？我的方法很简单，就是：降低初稿预期。

不要一开始就想把初稿写得非常完美，有时候我和学员开玩笑："那样的话，岂不是改稿的时间都没了？"

写稿和改稿，这两块要分开做。即使是自己熟悉的写作领域，也不要把初稿质量定得过高。先完成后完美，这个宗旨放到哪里都不会变。

2020年我做年度分享，写初稿时，也考虑到这一点。因此，

我先降低初稿的要求，想到什么就写什么，有时间就往里填充，很轻松地在限定时间内完成了初稿。然后，专门挑时间来打磨初稿，一下子就感觉身上的担子轻了很多。写和改要分开，这一招实在是太管用了。

《写出我心》这本书上，还提到了写初稿的 6 个小规则，我觉得很是正确。

1. 手应该不停地写。（不要停下来重读你刚写的那一行，那只是在拖时间，并在设法掌控你正在说的话。）

2. 不要删除。（那是编辑你写的东西，就算写出来的并不是你原本打算写的东西，也随它而去。）

3. 别担心拼错字、标点符号和文法。（甚至别去管是否把字写出了格子，或超出线。）

4. 放松控制。

5. 别思考，别想着要合乎逻辑。

6. 直捣要害。（倘若你写出了可怕或者太过赤裸裸的东西，那就一头钻进去，其中说不定蕴藏了很多能量。）

看到这 6 个小规则时，我很兴奋，这不就是写初稿的样子吗？很多人在一开始时关注的东西太多，在写初稿时逗留时间太久，反而释放不出能量。这其实不是好事，会使自己在写作这条路上人为设置太多障碍。

如果能降低预期，先完成再完美，你会发现效率要高很多。同时你的能量更容易释放出来，初稿也会完成得更快。

📝 6.1.2 设置截止时间，倒逼自己输出

每天早上写分享时，我有个习惯——为自己设置截止时间，比如，5分钟要写完一个100多字的精练分享。此时，我就会压缩时间，然后倒逼自己输出，很快一个分享就写出来了。

这种方式很有效，设置截止时间，让你一下子有了时间的紧迫感，促使你在规定时间内高效率地完成任务。

比如，我参加完一个重要的线下活动，当天晚上回去，就会输出一篇复盘文，然后第一时间发出来。这是一种借势，好处非常多。

特别是在写一些热文时，如果你能第一时间捕捉到热点，并且写出高质量的文章，那么就有很大的优势，会给你带来比较大的传播量。

我一直使用这种方式来克服自己的拖延症。我下载了两个时间管理APP，一个是番茄闹钟APP，一个是目标管理APP。通过借助这两个工具来限定自己的时间，效果很好。

人性中的拖延症是很厉害的，即使是特别重要的事情，也会拖到最后时间来完成。比如，年度分享这种事情是很重要的，我也会赶在最后一两天才能正式校对完成。实在拖不过去的事情，也会放到最后来完成。要是能够拖得过去的事情，肯定就是不大重要的。

所以，在设置写文目标时，我会让学员加上一个截止日期，这样可以有效防止拖延和诸多借口。

拿自己举例，每天早上9:30—11:30是我规定的写作时间。有时候，因为其他事情要忙到9:30后才能坐下来写作，这样就等到11:30后才能把上午写作的任务完成。

因此，在设置截止时间的基础上，还要给自己设置对应的

惩罚。不惩罚自己，心理上还是会放松，反正都是自己的事，过去了就过去了。但如果有人监督，又有惩罚，特别是罚钱，那就不一样了。无论如何也要把事情做完，不心疼自己也会心疼钱。

6.1.3 封闭式写作，集中式完成初稿

通常在写作时，很讲究封闭式写作。像很多作者，一到写作时，就要闭关，手机关机，不接电话等。这就是封闭式写作，让自己不受外界干扰，集中一段时间完成任务。

普通人为什么很难在规定时间内完成初稿？有一个重要的原因是：一直受到外界的干扰。

那该怎么办呢？答案很简单：屏蔽外界的干扰。

比如，你上午用两个小时就要完成一篇文章，那么你可以把手机关机，集中两小时来写文，直到写文结束，再开机。

这在一定程度上可以避免分心，当你足够聚焦时，写作的速度就会加快。

我在写文时，通常会把手机调成飞行模式，然后放到比较远的地方，要自己费点力气才能够得着。这样就能避免自己习惯性地碰手机打断思路，而当自己不碰手机时，就会集中时间思考、写文。

这种方式对写作是很有用的。你想想当自己不刷手机，不看微信，不想其他事情时，你还能干什么？那就只有一件事情了：专心写文，直到把它完成。

我常说，写作是一种生命修行，修的是耐心，修的是克制。我们常常坐立不安，稍坐下来一会，就想起身干其他事情。明知很多都是不必要的事情，但还是控制不住自己想要去做。

怎么办呢？通过写作来修自己的克制，克服外界的干扰，控制自己的念头，让自己专注当下要做的事情。这有点像坐禅，念头跑了，就拉回来，然后继续打坐。

学会封闭式写作很重要，这是写作路上向上的台阶，让你更早写出自己的作品。除此之外，也在训练自己的专注力，可谓一举多得。

拖延症存在于每个人身上，知道有拖延这回事，然后想合适的方式来处理它。只要你能够处理得当，就能让自己更好地实现目标，远离拖延。

6.2 提升逻辑思考能力的三个技巧

有一本书叫《麦肯锡入职培训第一课》，书中谈到逻辑思考能力是每个人应该掌握的必备技能之一。作者用一句话解释了逻辑思维：你的提案要让一些迄今为止都没有做过农业生意的汽车业界人士说"种菜也挺有意思的"才行。

对麦肯锡来说，逻辑思考就是批判性思维，只要 3 步就能掌握：

第 1 步：亲自确认前提条件（这是真的吗？）
第 2 步：深入查证（为什么会是这样？）
第 3 步：提出自己的观点

逻辑思考能力在写作中也同样重要，它的作用是让文章更有说服力。很多新手会遇到逻辑表达的问题，他们觉得自己的逻辑表达能力严重匮乏。

其实，这不是一个大问题，只要能够掌握一定的逻辑结构和逻辑顺序，就能够在一个短的时间段内优化自己的逻辑表达能力。

通常女性的逻辑表达能力比男性弱一些，但只要经过正确的训练，也能很快掌握这项能力，进一步提升自己的写作能力。

6.2.1 没有归类，就谈不上逻辑

我在刚开始写作时，不大注重逻辑，但后来意识到逻辑非常重要，才开始注重逻辑的梳理。

在这里，有一种常用的逻辑方式推荐给大家，那就是：归类。

比如，老婆让你去买菜，在微信上给你发了要买的东西：菠菜、胡萝卜、火龙果、啤酒、葡萄、香菇、牛奶、番茄、苹果、橙汁、橘子、葡萄酒。

这么多东西，怎么才能又快又全地买到它们呢？你可以把它们归个类：

蔬菜：菠菜、胡萝卜、香菇、番茄
水果：火龙果、葡萄、苹果、橘子
饮料：啤酒、牛奶、橙汁、葡萄酒

这样一下子就清晰了很多，也方便记忆。在购买时，你也很容易对照检查，看看哪一个还没有买。

有很多教授记忆力的，就是通过分类法，让你更好地提升记忆力。

在写文时，也可以使用分类法列提纲。先列出一个核心观点，底部是三个分论点，每个分论点底部再接 1～3 个论据，比如下面这样：

分论点一：论据一＋论据二
分论点二：论据一＋论据二
分论点三：论据一＋论据二

在写文章主体时，也有一类专门属于这一种的，就是并列式结构。你需要把分论点进行归类，有了分论点的归类，自然就有了论据的归类。

如果你经过长时间训练形成了这样的思维模式，在写作时就很容易用得上，而且还不用专门做思维导图。

6.2.2 打磨逻辑框架，厘清内部关系

写文时，我常用思维导图来打磨逻辑框架，就是为了厘清楚文章的结构和内部关系。具体是哪几种关系呢？

1. 结构关系

我们常说的逻辑就是文章的结构，结构好不好，直接决定了这篇文章的可读性和说服力。我大学是学建筑的，对于结构有天然的敏感度，看文章先看它的结构。结构上做到位了，才会去看他的整篇文章。

常用的结构有时间顺序结构、并列结构、递进结构、正反对比结构等。

关于这几种结构关系，我们在之前的章节中有探讨过。只

有先厘清结构关系,才能在写文时有清晰的逻辑框架,更顺畅地把握文章的脉络。

2. 因果关系

一件事情有演变过程,那么你在写文时,到底要按照什么样的方式来写?先写因,还是先写果?每个人写法都不一样,有些人是由果导因,而有些人会由因推果,拿我写书举例。

果导因就是:先写我完成了一本书,然后说我是通过什么样的努力来写完这本书的。

因推果就是:先写我一直很努力写作,写作五年,终于出了自己的一本书。

在写之前,要先清楚按照什么方式来写,是果导因,还是因推果。在文案中,一般先写结果,激发读者往下看,最后再给出解决方案。比如,开头写这个老师很厉害,年薪百万,行业影响力很大,然后写他是怎么一步步做到的,最后推出这个老师的课程。

3. 分解关系

还有一种就是分解,把你想表达的核心观点,进行逐一拆解。

比如,我做一个付费专栏,目标是卖10000份,分四个步骤来拆解:自己推广、IP朋友助力、学员转介绍、外部打广告。

那么我会在梳理这四个步骤时,分别来写具体的思路。

反过来,我已经卖了10000份付费专栏了,接下来我要拆解自己是如何做到的,然后把这些思路和步骤通过复盘一步步写出来,这种分解方式在写文时是很实用的。

✎ 6.2.3 删减不相关的信息

好的文章必然没有什么废话,所有的内容都是聚焦主题、服务主题的。如果有众多不相关的内容干扰,势必会影响整篇文章的质量。

梳理好逻辑框架和内部关系后,接下来很重要的一部分就是删减信息,主要是删减不相关的案例和词句。

1. 删减不相关的案例

很多人一提到填充素材,就拼命往里面添加,以为添得越多效果就越好,其实不然。很多案例添进去,要问自己:是否跟主题相关?真的使用得贴切吗?可以删掉吗?几个问题问完后,才能判断出素材是否使用得当。

我在写文时也会添加一些不必要的素材,但最终在删减时,会处理掉那些不相关的素材,只留下那些匹配主题的案例。对于一篇文章,讲究的不是多,而是精,越精练,越有说服力。

2. 删减不相关的词句

写作跟说话一样,废话尽量要少,要写就要写到重点。写初稿时,不需要注重太多,但在修改时,一定要把那些不相关的词句删掉,做到简单、精练、流畅、有说服力。

删减词句,可以采用朗读法,在读的过程中判断逻辑是否合理。有时,可以搭配一些连词,让文章更有条理,同时删减一些多余的词句。

删减是门硬功夫,是综合写作能力的体现。这一点做不到位,很难在写作上达到一个高点。

好的文章是经得起逻辑推敲的。我打磨文章时，常常会在逻辑上下功夫，观点的逻辑、框架的逻辑、素材的逻辑。只有这些经得起考验，文章才有足够的说服力。

6.3 让文章论证精彩的三个要素

如果一篇文章论证做得足够精彩，读者看完后应该会有这样的反应：

> 说得太好了！
> 这个案例用得太到位了！
> 这绝对是写到我心里了！

好的文章总会有一些共性，在论证方面尤其能体现得出来。论证精彩能够让读者在阅读时产生强烈的愉悦感，而不会产生厌倦、枯燥的感觉。我在写文时，也通常会思考：如何使文章进一步论证精彩。

这会进一步加强我对论证的思考、观点的打磨、案例的使用、数据的支撑、语言的锤炼等。因为只有你论证精彩，读者才会看得有劲道，这样既提升了阅读量，还能大大提升文章转发率。

如何让一篇文章论证精彩呢？需要在三个方面下功夫：观点、内容、案例。

观点要有用户视角，内容要足够丰富，案例要足够有说服力，做到这三点，文章的论证才会圆满。

📝 6.3.1 观点要有用户视角

用户视角,是指要有用户思维,而不是一味自我表达。如果你只注重自嗨,表达自己想表达的,而不考虑读者的感受,很难真正获得用户的认同。

我们要考虑:用户需要什么,想看什么,怎么产生共鸣。这些才是写作的基础,不然你的文章写出来没有多少人看,没有用户给你转发,意义就不大。

有时候,我们的观点在标题中就已经亮出来了。特别是写一些热点事件,标题就是文章的观点。读者看到你的标题,就能直接产生共鸣和阅读欲望,这就完全不一样了。

比如,我的那篇文章《王阳明:人生最大的成功,就在这三个思维》,开头通过参加"阳明心学"课程,切入到我要表达的观点,一下子就抓住了读者的注意力,明确了我要传递的重要思想。

> 前几天去参加了十方世界的"阳明心学"课程,听了达观法师从儒释道三个维度去剖析阳明心学,深入浅出,不离其宗,很有感触。
>
> "阳明心学"这两年很火,一来因为传统文化的普及;二来人们普遍的焦虑感上升,这促使一系列的心学课程开设。
>
> 之前听说一个平台,专做"阳明心学"的,一人收费5000元,每场都能有好几千人听课。
>
> 这个时代,不再是物质匮乏,而是精神匮乏,我们不断在找寻精神养料,来填充自己的内心。
>
> 前一阵有个朋友参加了一个高端聚会,每个人的咖位都很足,他就很焦虑,勉强用自己是最年轻的参与者来抚平内心。

这是一个信息密度超级大的世界,我们可以连接很多人和信息,但是我们也因此失去了自我掌控力和独处能力。

这两年我自己做教育,越来越感受到一个明确知道自己价值和位置的人,才能够自带节奏和驱动力。

对于观点要有用户视角主要谈两点。

第一,要有价值。用户在看完你的观点后,要觉得有用,有价值,这样他才会花心思来读这篇文章。有些作者比较厉害,能一下子超出用户认知边界写东西,这样就能抓住读者,让他们觉得有看下去的必要。

第二,产生共鸣。共鸣简单来讲,你的频率跟读者对上了,产生了共振。很多金句式观点,很容易跟读者产生共鸣,就是因为一下子跟读者对上了。作为一个写作者,你需要了解读者想表达什么,然后替他们去表达,这样很容易产生共鸣。

你要做的,就是了解读者诉求,然后替他们发声,这样更容易获得读者的认同。

6.3.2 内容要足够丰富

所谓内容,就是主体部分。一般情况,开头已经亮出了观点,然后在主体部分就是论证了。主题论证包含两个层面:摆事实和讲道理。这时候,我们要思考:如何才能让读者看完你写的内容,觉得文章的内容要立体、丰富?分享两个关键点。

1. 表达要简单、精练

现在是注意力稀缺的时代,很多读者根本没有耐心看完你写的内容,除非吸睛的地方很多。因此,不要去挑战读者的耐心，要尽量做到简单、精练。

要做到这个，其一是总结性和表达观点的语句尽量简单、直接。我见过有些作者一直在讲道理，这样读者看得会很累，应该尽量简单、凝练、有说服力。其二是尽量讲短故事，能3段讲完的，就不要用5段。我自己倾向于讲短故事，表达清楚即可，不要面面俱到，因为有些环节根本不用说到位。

比如，我写的一篇文章，题目叫《30岁之后，我劝你早日成为专家》，就是一篇精练文。

什么才是建立信任最好的名片？

我的答案：成为自己领域的专家。

1. 为什么要成为专家

成为专家，好处绝对多多。首先，信任度更强了。其次，别人更愿意咨询你，为你付费。无论如何，要让自己成为某领域的专家。

2. 建立自己的专业壁垒

只打造一个标签是不行的，还要强化自己的专业壁垒。你的壁垒越高，就会有越多人来找你。因为你更专业，更能达到他们的预期。

3. 创造该领域的里程碑事件

没有里程碑事件意味着很少人了解你，那么给你付费的人数一定不多。你的里程碑事件决定了你的个人影响力，影响力会给你带来更大的价值。

4. 积累自己的付费用户

用户太少，说明你在该领域影响力还不足。要想办法扩大自己的影响力，让更多人了解你、认识你、成为你的付费用户。用户多了，才能形成规模性的口碑效应，你存在的价值也就更高。

5. 打造赢利产品

靠什么赢利很重要，如果你的赢利产品足够多，那么你的营收也会更加多。打造赢利产品，更新赢利产品，势必会有更多人找到你。

6. 提升讲课能力

讲课能力，绝对是一项武器，拥有它，你的竞争力会更强。不仅可以带团队，还可以影响你的用户。同时，还能给你带来更多的收益价值。

7. 提升写作能力

写作是改运的武器，公开写作会大大加强个人影响力，写作是打造个人品牌的绝佳神器。这个时代，你不会写作，就意味着缺少一项极具竞争力的技能。

8. 打造自己朋友圈受欢迎程度

光有影响力没有口碑，一定是不行的。如果你在朋友圈都不受欢迎，那么很难走进更大的圈子。

我现在自媒体的文章会更精简一些，有时候会很短，但足以表达清楚我要传递的观念。对于普通的自媒体文，一般都控制在1800～2500字，太短了没干货，太长了读者可能没耐心读下去。

2. 要多给读者高点

如果一篇文章观点太平庸，很难击中读者内心，当然更谈不上打动他们。

如果你能够在故事情节、分论点和总结性话语上击中读者，那么他们便会对你的文章有比较深的印象。你能抵达读者的内心，就能收获他们的好感。如果只是很平庸地来表达一些内容，就占据不了在读者心中的印象。

比如，我的文章《王阳明：人生最大的成功，就在这三个思维》，在第一个小标题"清楚自己要什么"里面就有好几个阅读高点可以击中读者：

人生最大的不快乐是因为我们过得像乞丐一样，一直在乞求别人的认可、尊重、肯定和欣赏，一直活在别人的世界中，无法自拔。

这一次，达观法师一开场就谈了一个生命议题：人为什么活着？

看起来这是一个大的议题，但确实需要每个人都思考清楚，我觉得这很有意思。

人这一辈子分为三个层次：生存、生活、人生，大部分的人都是活在生存这个阶段，对他们来说谋生、养家糊口都已经非常难了，也就谈不上生活和人生。

因此，他们一门心思赚钱，通过自己的努力不断来证明自己的价值，证明自己存在的意义。

达观法师说：很多人过着分期付款的人生，他们一直在透支自己的生活和人生，确实如此。

很多人一直在立志，却很少有人把一件事情做一辈子，就像我们思考一个问题一样，我们一生都在胡思乱想，却从来没有把一个问题想透彻，这是多么悲哀的事情啊。

我在刚毕业那会，就在思考：未来我会用一辈子从事哪个行业？

在不断的自我追问下，我找到了人生方向，这个方向就是教育，以至于我决定跨入教育行业，到现在依然坚定地走在这条路上。

当真正静下心来思考时，一次又一次扪心自问时，你就会找到你想要的，同时，也会清晰你不想要的。

只有这样，才不会因为物质追求和情感追求，透支人生。

贤宗法师说：你要时刻思考自己的存在跟这个社会和这个世界的关系，这样你才能更好地定位自己，创造自己，活出自己。

当我们把自己放在这样的格局上思考要什么时，视野会更开阔，心胸也会更宽广，同时，我们更乐意以付出的心态做人做事，那么我们的人生也就更快乐。

就像我们做社群一样，如果一个训练营，没有在某些时刻让用户很惊喜、很狂热，那么很难留给他们足够深刻的印象。甚至可以说，很难留住用户，让他成为你的忠实铁粉。

多给读者阅读高点，让他们获得惊喜，这样他们会继续关注你、相信你，乃至持续为你付费。

6.3.3 案例足够有说服力

最后要讲的就是案例部分。如果你的观点、内容部分都很实在，而你的案例又足够出彩，那么你的文章就更容易写到读者心里。

如果你使用的案例跟读者没有任何关系，那么他们在阅读时就不会产生任何兴趣。当然，他们也不会花时间在你这里，因为他们根本就不想看。

选择案例最重要的就是要和观点与主体有重要联系，甚至是完美匹配，这样读者读完之后才会大呼过瘾。

我在《金钱的底线，就是原则的底线》一文中，为了说明赚钱要有底线和操守，用了以下案例：

> 2018年，我参加了一个高端会议，本以为就是做一些分享，后来发现不大对劲。台上的演讲者极力介绍他们的新模式，然后开始推广他们的模式。
>
> 为了推广合伙人，什么样的招数都用上了。演讲者的话语，无不跟金钱和利益挂钩，这种极具功利性的销讲，让人非常抵触。
>
> 我听了一半就出去了，实在是受不了这样的狂轰滥炸，没有底线的赚钱，是我非常害怕的，也是我极其抗拒的。

我在《人生终极秘密：不自欺》一文中，为了说明"不自欺"这个观念，用了达观法师和一个学员的案例：

> 达观法师32岁出家，远离红尘，一心皈依三宝，他一开始拜佛时，也没有太大感觉，也是完成功课而已，但后来，他突然想明白了，就做了大的调整。
>
> 在每次拜佛时，他会问自己四个问题：
>
> 第一，我拜佛时，有做到十分恭敬吗？
>
> 第二，我有去除傲慢，十分谦卑吗？
>
> 第三，我作为佛弟子，有真正立大愿、行大愿吗？
>
> 第四，既然立了大愿，从今往后，我还会失去恒心，无法坚持吗？
>
> 我们做一件事情，经常做了不久就会放弃，然后还要

找各种理由安慰自己，比如不适合、运气不好等，然后常常调换方向。

有句话说得好：常立志者无志。一个人做一件事缺乏动力和坚持，就是因为没有真正把这件事放在社会和国家的层面，赋予它重大的意义，只是站在自我的角度，那么他做任何事都很难成功。

在回去的车上，有位家人跟我分享，有一次上课，一个学员提了这样的问题：我老担心母亲会生病，这样我在外地就很难照顾到她。

老师这样回答她：既然你这么担心，为什么不现在回去孝敬她呢？

我们常常把自己包装得很好，而且自己也认为如此，当有人当场点破我们时，我们才会真正认识自己。

人这一辈子，很多时候，一直都在欺骗自己，把自己骗得团团转，最可悲的是自己还不知道。

如果我们能做到"不自欺"这三个字，那么我们的良知、良心自然升起，我们就已经把阳明心学的精髓学到了，用到了，做到了。

使用案例，最重要的就是贴切、有说服力，读者看了之后，就觉得讲到了自己心里，然后无比认同你的观点。

那如何增强案例的使用呢？分享三个关键点。

第一，平时注重案例的积累。看书、看文章、听课时，多注意案例的积累，并且思考这些案例用在什么地方、该怎么用、有没有更好的用法等。

第二，创造案例。平时遇到精彩的故事和特别的经历，都要记录下来，做好收藏。等到能用时，再把它写出来，成为自己独特的案例。

第三，搜索合适的案例。写作时，还要注重案例搜索的方法和渠道。之前提到，我们需要通过筛选案例来匹配自己的文章和观点。

这就像我们平时写分享一样，写得多了，任何主题你都可以信手拈来。案例也是如此，积累得足够多了，想用时，一搜索、一调用，就可以写得出来，这就是一个非常好的正向循环。

关于让文章论证精彩，我们就讲这三个点：观点、内容和案例。如果你能把这三点都用好了，我相信你的文章说服力将大大增强。

6.4 好文章绝对是改出来的

我认为写一篇文章和改一篇文章是两码事，如果一开始就特别注重文章质量，很可能你就写不下去，毕竟好的文章都是改出来的。

写文时，你可以凭着自己的感觉，按照自己的节奏，想到哪写到哪。但改文时，必须以一个内容审核官的标准来看待初稿，对自己的文章要有足够高的要求。

有时候，你觉得自己的初稿写得很差，不要紧，很多大作家也有同样的感受。这时候，不妨让它待在你的电脑里几天，然后再去修改，你会发现很多的错误，这样改起来也会更加轻松。

改一篇文章要有顺序，从整体到局部，从局部再到细节，直至改到不能改为止。

6.4.1 修改文章就是修改思想

修改文章就是修改思想，要把它改得更正确、更完美。修改文章时，要明白自己到底要表达什么。我在读自己作品时，就会一直问自己：这篇文章，我到底在表达什么观点。如果文章表达的观点不清晰、不准确、不完美，我就会不断修改，直到厘清为止。

学习写作的人应该记住，写作不单是在空白纸上写一些字句，重要的是表达思想。思想把握正确了，写起文章来就更容易触动读者。

写文章比较忌讳的是，你一直在表达，却不知道自己表达的核心思想是什么。

举例，某天晚上你去电影院看了一部电影，回来后就跟老婆说，电影有多么多么好看，你一直在讲，激情满满，但老婆听完后完全无感，为了配合你，只是点点头。这是因为她没有抓住你表达的重点，不知道这部电影传递的核心思想到底是什么。

你会发现，自己虽然一直在表达，却没有表达出重点，没有让用户抓住你要讲的核心。写文章也是如此，如果你一味自嗨式表达，却没弄明白到底要表达什么，就很难抓住读者的心，触动不了读者。

假如你写文时，主线脉络特别清晰，能够让读者清楚你的中心思想，那么他们一层层往下读时，就能很好地捕捉到重点。反之，太注重表达、过于讲故事、离主题太远，是很难把一个观点写清楚，把思想表达透彻的。

修改文章就是修改思想，思想对了，后面的论点和论据就更加清晰了。

✏ 6.4.2 通读全文，打磨整体框架

通读全文后，中心思想没有问题，这时候就可以打磨整体框架了。整体框架包括三个方面：打磨小标题、打磨开头和打磨结尾。

1. 打磨小标题

打磨小标题，就是在打磨分论点。首先，要考虑小标题之间的关联性，顺序是否准确。同时，也要考虑小标题与核心观点是否契合。其次，打磨小标题，就是在打磨观点是否能够吸引读者。我在读文时，习惯于先看标题，再看小标题，如果这两个吸引不了我，就不会再看下去。最后，要明确小标题的关键要点：简单流畅，吸引眼球，有说服力。

2. 打磨开头

开头最重要的作用是拉着读者往下看，如果开头连自己都说服不了，那么就要修改了。之前分享的三种开头方式，目的很简单：让读者感兴趣，继续读下去。打磨开头时，如果实在觉得没有感觉就停下来，放一段时间再去修改。

3. 打磨结尾

结尾是留给读者最后的印象，如果结尾设计得好，能够引发共鸣、留下悬念，或者升华主题，就会刺激读者分享这篇文章。打磨结尾，就是打磨读者的情绪，给他提供最后一公里的内容服务。要让他读完后还自愿帮你转发做宣传。

6.4.3 局部精准改文的三个关键点

一篇文章的中心思想和整体框架打磨完之后,还要在局部下功夫。局部改文包括三个关键点:删减、精练和准确。

1. 删减

写完文章之后,要用精准的仪器来测量,删减掉那些无关紧要的词语、句子和案例。比如,有些虚词、没有意义的副词、形容词、口头禅等,还有一些像"我""的"这样多余的词汇也要删减。

删减的目的是使文章更加精简。我们团队专门有个审稿小组,一篇文章写完就要进入审稿流程。当然,这个小组是不讨人喜欢的,因为他们会四处挑毛病,提出各种意见。只要有毛病就要回去继续修改,直到通过审核。

2. 精练

我们都知道写长篇大文其实不难,难在如何使长篇文章十分精练。所谓精练,就是要把没有价值、没有含金量的内容去掉。很多写作者都会在文章中用多余的词语和句子,这时候,就要把长文改成短文,把长句改成短句,让读者读起来更轻松,阅读体验更好。

马克·吐温说:"写短信比写长信更花时间。"一个有经验的写作者,一定会深深认同这句话。答案很简单,如果你是一个成熟的演讲者,让你做一小时的演讲,你根本就不用准备,张口就来。但让你准备一个三分钟的演讲,你就会花半天,乃至一天时间来打磨。

做到精练,就是让你在细节上加以处理,使得文章更加简单、凝练、流畅、有说服力。

3. 准确

最后要打磨的一点是用词的准确性,这一块我一直是很注重的。很多新的写作者,在这一块很容易犯错。原因就是对于词语的把握和理解不够,用词就会出错,让读者产生歧义,甚至是误解。这时,不妨朗读一下文章,通过朗读可以判断哪些词语使用不精准。因此,在细节打磨时,一定要考虑到词语的准确性,这是改文的最后一道关口。

改文是痛苦的,却是每个写作者的必经之路,只有通过不断的修改,才能快速提升自己的写作能力。就像一个老中医一样,只有不断看病,才能提升医术,一把脉就知道哪里出了问题。

6.5 设计文章版式,优化阅读体验

能够做好排版的人,对美一定有不一样的追求。文章排版很粗陋的人,一定不注重这一方面,认为随意排一下就好了,只要内容好就可以了。这种刻板的思维,是很难赢得读者喜爱的。

比如,你是一个影响力很大的人,那么你无论怎么排版,都有很多人会阅读你的内容,因为你的内容足够有价值。但如果你是一个没什么影响力的人,除了做好内容外,还要留意自己的版式设计,版式在一定程度上可以给你加分。

我曾经做过这样的比喻,如果你是马云这样有影响力的人,无论穿什么样的衣服出席会议,都有人愿意靠近你,愿意听你讲话。但如果你是一个普通人,还不注意自己的着装,那么就很少有人留意你了。

作为一个写作者，在排版中学会审美是非常有必要的。好的版式让读者一眼就喜欢你的文章，他们的阅读体验也会得到大大提升。

6.5.1 版式设计的三个要点

版式设计的三个要点是简单、层次分明、重点突出。满足这三点，就是好的版式设计。

如果一篇文章版式太复杂，反而会降低读者的阅读体验，让人看起来很累。版式是辅助于内容的，内容可以深层次表达，但版式一定要简约大气。越是简单的版式，越能够让读者捕捉到你要表达的核心观点。如果版式太复杂，他们除了阅读起来很累之外，还非常容易忽略掉你要传达的重点。所以版式设计越简单，读者阅读体验就越好。

除了版式要简单外，层次分明也很重要，越是长文，越要注重层次分明。这样读者看的时候就能捕捉到各个层次，大大提升阅读效率。很多写作者刚开始写作时，这一块很缺乏，他们喜欢把文章堆积在一起，非常影响读者的阅读体验。越是优秀的写作者，越是注重通过层次分明的呈现让读者喜欢阅读他的文章。

还有最重要的一点是重点突出。版式设计是按照读者阅读习惯来的，某种程度上可以说是用户思维。你要思考一个问题：你希望读者看到的是什么？（特别留意的是什么？）当你建立这样的思维逻辑后，排版时会特别留意一些重点的内容，如小标题、重点词语、重点句子、重点图片等。通过重点突出这些，让读者更好地看到你要表达的重点内容，以至于让他们采取行动。

只要把排版的设计行为与过程掌握了，在优化版式上就可以做到事半功倍了。特别是作为写作新手，在排版设计上一定要格外重视，这将大大赋能你输出的内容。

🖉 6.5.2 版式设计的具体规范

1. 颜色

大多数公众号版式不超过三种颜色，如果一篇文章排出来既有黑色，又有蓝色、绿色，还有红色、黄色，给人的感觉就很乱。那到底如何配色呢？一个普适的原则是：标题和重点文字用亮色，其余文字用黑色，注释性和引用的文字用灰色。

之所以不使用超过三种的颜色，就是因为排版倾向于简约思维。就像穿衣服一样，全身上下超过三种颜色，就显得穿衣搭配不好看。排版也是如此，不仅要重视局部突出的部分，还要重视整体的协调和统一。

2. 字号

字号的选择相对会统一些，大部分公众号都会选择 14 到 16 号字体，这符合读者的阅读习惯。以前正文我们使用最多的是 15 号字体，后来公众号改版后，我们就改为 16 号字体了。

3. 行距和字距

正文行距选择 1.5 或者 1.75 都是可以的，字距可以选择 0.5，首行缩进 0.5 或者 1 都可以。在两侧留白显得版面更加精致，阅读起来也更轻松。

4. 分段

刚开始写作的人容易忽视分段，有时候一大段能够写好几百字，让读者产生很强的阅读疲劳。公众号排版对于段落字数也会有一定的要求，每段一般不要超过 5 行，我一般控制在 3～5 行，这样阅读起来就很舒服，不吃力。

5. 突出重点

我在突出重点时，一般采用两种方式，一种是黑体加粗，在这个基础上，如果是小标题，还要放大字体，如果是特别重点，要用红色标注。另外一种是直接告诉读者这是重点，我一般就是提示读者：接下来这是重点。这样读者如果看到，就会格外留意，有利于引导他们获取文章的重点价值。

6. 配图

编辑内容，图片也是很重要的一个模块。图片 + 文字的方式更容易赢得读者好感。新媒体类文章特别注重配图，就像你吃饭一样，必须加几个配菜。通常图片是衬托文字的，你写了什么样的文字，就搭配什么样的图片，以帮助大家更好地理解文字。

一篇文章稍微长一些，超过 800 字了，就需要在主体内容部分配图，目的是缓解读者的阅读压力，促进读者有效阅读。同时还能很好地说明文字内容，多种形式呈现具体信息。特别是写一些文案时，你需要学员的见证，这时候附上一些图片就更容易说明真实性，加强读者对你的信任度。

7. 编辑器

说完了版式设计的具体规范，要给大家推荐一些好用的编辑器，比如：壹伴、i排版、135编辑器等。这些编辑器有助力于你编辑文章，让你的版式设计更加美观，增强读者的阅读体验。

当你的版式足够好时，如果你投稿到其他平台，编辑们基本不用做什么修改，帮助他们省了不少的工作量，非常有利于跟一些平台的长期合作。如果放到自己的公众号上，也省了小编很多的时间，快速上传，简单编辑，就可以发出来了。

排版是一个写作者踏上新媒体之路必须要学的内容。好的版式可以加深你跟读者的链接，让读者更加认可你，喜欢你，成为你忠实的读者。

第 7 章 刻意练习：夯实基础能力，稳定系统能力

要想让自己在写作之路上走得更远，就需要不断地夯实写作基础能力，让自己的地基打得足够牢固。要想让自己持续输出优质内容，就需要不断地稳定写作系统能力。只有把这些底层的东西完善得足够好，才能使自己成为一个优秀的写作者。

那什么才是底层的东西呢？拆解文章的能力，持续写出优质观点的能力，打磨金句的能力，词汇使用的能力，这些在写文时，是常常被忽略的能力，却是写作者的基础能力。优秀的写作者平时一定都在苦练自己的基本功，通过刻意练习让自己在写作上做到日拱一卒，持续精进。

7.1 学会拆解文章，夯实全局能力

当我还没有跨入写作培训行业时，经常做一件事情，就是拆解优质文章。特别是有几个成长类的公众号，我经常会翻它们的文章，看到特别有价值的，就会把文章调出来，然后拆解。

在拆解的过程中，我会认真分析这篇文章的写法，以及作者的构思。这让我对于新媒体优质文章是如何一步步生产出来的，有了更深入的了解，也帮助我能够持续写出优质文章。

至今为止，我拆解过数百篇文章，就是因为这样的一篇篇拆解，让我思考更深入，对于新媒体文章的辨识度更高。同时，还大大加强了我的点评能力，我会在很短的时间内看出一篇文章的闪光点和不足之处。拆解文章，让我有了写文的全局观。

一个优秀的写作者一定会拆解文章，也只有会拆解文章，你才能很好地点评别人的文章和修改自己的文章。

拆解文章有很多好处，你可以更加细化地了解一篇文章是如何生产出来的。同时，能捕捉到一些细节点，这是很多读者一般不会留意的。一个会写作的人，一定也会研究别人怎么写文章，从而不断优化自己的写作能力。

拆解文章是有顺序的：主标题、逻辑框架、开头结尾、血肉部分、拆解后的思考等。

✎ 7.1.1 拆解主标题，了解文章价值

一篇文章的主标题，通常是它的核心观点，作者通过主标题来表达他写的是什么。

我们先以读者的视角来拆解。当你看到一个主标题，首先会思考：这个标题吸引我吗？这篇文章讲的是什么？这跟我有

关吗？价值大吗？我需要点开做深入了解吗？

这就是用户视角，用户考虑更多的是这篇文章跟自己的关系，以及能不能给自己带来价值，而非文章本身或者作者本身。

作为写作者，当你看到主标题时，要思考：如果我写这个标题，会如何写？怎么来突出要表达的主题？怎么吸引读者点进去看文章？如何在标题中凸显文章的价值？

当你在这些点上做深入的思考，才能很好地拆解主标题，以及更深层次地了解主标题的价值。标题是你跟读者建立的第一次连接，在第一次连接中就要吸引到他，让他愿意了解你。这样你在写标题时，意识感和价值感就更强，更容易打磨出优质的标题。

7.1.2 拆解小标题，熟知整体框架

小标题是一篇文章的逻辑框架，拆解小标题，就是拆解整篇文章的框架。

我们在写文章时，一般会提前梳理逻辑框架，先把小标题写好，然后再仔细打磨小标题。看小标题是否跟主题相关，看小标题之间的关系，看小标题是否有吸引力等。怎么打磨小标题，就怎样拆解小标题，分享三个关键点。

1. 小标题是否跟核心观点相关

在拆解小标题时，首先要注意，小标题跟主题之间是否密切相关。如果不是很相关，那么把这个点单独罗列出来，分析它。作为拆解者，你要思考作者为什么这么写，如果是你，会如何写这些小标题，以此来体现跟主题之间的相关性。

2. 小标题之间存在的结构关系

在写主体结构时，通常有几种结构：并列、递进、时间顺序、正反对比等。拆解时，要判断文章到底用了哪一种结构，从而了解文章整体的逻辑框架。

3. 小标题是否精练，是否有吸引力

最后就是打磨小标题的总结性话语。当我看一篇文章时，首先看主题，然后再看小标题。如果小标题对我吸引力不强，这篇文章就不看了。因此，拆解小标题时，要重视文章小标题的打磨。当然你也可以在作者的基础上进行优化、迭代，甚至写出自己满意的小标题。

7.1.3 拆解文章内容，分析内容精华

拆解文章内容时，先看开头和结尾，开头是怎么吸引你往下看的，结尾是如何总结和升华主题的。这个在我们之前的文章修改中也提到过。

其次，要拆解文章主题内容。文章的内容无非三个点：论点、论据和案例。围绕着这三个方面做细化的拆解。

1. 论点

拆解一篇文章时，要注意论点是否引起你的共鸣。如果一篇文章的论点说到你心坎里了，就会引起你的关注甚至转发。拆解时，要看作者是如何提炼论点，把你牢牢吸引住的。

2. 论据

拆解论据时，要考量它跟论点之间的关系。论据是摆事实

和讲道理，看文章的论据是否一步步说服你，让你认同它，从而愿意继续往下看。

3. 案例

拆解案例时，看案例是否使用恰当、贴切，是否足够精彩、有说服力。有些好的案例，作者下了足够多功夫。如果是你，能不能想到或者搜集到更贴切、更精彩的案例。

7.1.4 每次拆解后，写下自己的思考

每次拆解后，要写下自己的思考和收获。为何要拆解文章？拆解是为了让你更好地了解一篇文章生产的过程，并且去捕捉阅读时没有留意到的地方。通过一篇篇文章的拆解，会让自己日后写文章越来越熟悉、越来越系统、越来越专业。

拆解文章是让自己对文章有一个全局的了解，以前只关注一个点，或者只觉得这篇文章好，但现在要分析他为什么写得好，这完全是两个层次。后者会让你更明晰一篇文章的谋篇布局。

拆解完一篇文章后，我会写下这几方面的思考：

（1）这篇文章对我启发的点是什么？
（2）这些有用的点，我会用在哪里，怎么用？
（3）如果我写这篇文章，会以什么视角来写，观点和论点该如何来打磨？
（4）我有更加精彩的案例做论证吗？
（5）我能不能拔高立意，使这篇文章更有传播力？

写文章首先要会拆解文章，一个不会拆解文章的作者一定

不是一个好作者。要想写好文章，需要拆解优质文章，在拆解中学习写作，你会收获更大。

直到现在，我依然有拆解文章的习惯。看到特别好的文章，我会去拆解它，找到好的部分加以运用。这让我写作的水平得到进一步的提升，从而长期保持一个比较高的水准。

7.2 如何持续写出有价值的观点

不少学员会问到我一个问题："老师，你怎么每天都可以写出有价值的观点？"

这也是不少人的困惑，为什么别人可以一直写得出好的观点，而自己却不行。这背后就不是写作的问题了，而是你个人的输入和思考程度。

我之前还跟学员说：进步＝刻意学习＋刻意思考。有价值的观点就是来源于刻意学习和刻意思考。如果没有这两个方面作为基础，无论是写作还是演讲，你都会缺乏深度和高度。

我们在网上浏览文章，发现有些观点就能够写到读者心坎里，引发我们的强烈共鸣。而有些观点，看了之后，不仅没感觉，而且连继续看的信心都没有。

作为一个写作者，持续写出有价值的观点非常重要。你要把一些观点挖掘出来，替读者表达，这样才能获得他们的认同感。比如，以下是我写的三篇文章的标题：

《心沉下来，才能干大事》
《世间所有成败，都取决于发心》
《当今最大的奢侈品，就是"极简主义"》

这些观点都是有价值的，而且能够激发读者强烈共鸣。那到底如何拥有持续写出这些观点的能力呢？分享 4 个实用的方法。

7.2.1 提炼出有价值的观点

有人说观点太少了，我认为是缺少提炼。如果你在生活中是一个擅于归纳总结的人，那你根本不缺观点，只是缺表达的渠道。

看文章、看书时，总有一些观点会触动你；看电影、旅行时，总有一些画面让你印象深刻。把这些都总结出来，就是写文最好的观点储备。

观察、看书、看电影、旅行等，都可以总结出有价值的观点。

比如，2020 年疫情期间，我走在陕西的街上，看到一排排实体店都已关门。春节期间原本车水马龙，现在却连走在街上的人都很少。我想到了：疫情对于实体店的冲击是巨大的。然后围绕这个观点写了一篇短文发在微头条，一天时间阅读量达到了 270 万。

我在 29 岁时，思考关于 30 岁要做的事情，我想到了很多：

> 存钱：以备不时之需
> 健康：身体是革命本钱
> 重视：善待信任你的人
> 聚焦：专注做好一件事

然后，我根据总结出的观点写了一篇文章——《30 岁还找不到人生的方向，那你必须要做对这 4 件事》。这篇文章发出来后，赢得了不少人的认同。

我平时非常擅于总结观点，看书、看电影、聊天、看新闻等，都能从中挖掘出有价值的观点。通过这些观点，可以写成微头条、朋友圈或者自媒体文章。

写作者应该对内对外都是比较敏感的，当你有所洞察、有所启发时，把这些观点总结出来，写下来，就可以为自己的写作提供新的视角。

7.2.2 倒推原因，挖掘新观点

果导因，这是用来挖掘新观点很重要的方式。我经常去分析一些牛人的成长路径，以此来推导别人是怎么一步步实现目标的。

> 果：某位写作大 V，通过写作赚了 200 万。
>
> 因：首先，他写作 5 年，输出 300 万字；其次，这 5 年，他一直在训练写作能力，写作功底有了指数级的成长；再者，他的公众号做到了 50 万人订阅，大大升级了个人品牌。

我通过"赚了 200 万"这个结果来倒推他是怎么实现目标的，一共推导出三个原因。通过这三个原因，挖掘他身上的特质，就可以整理成一篇文章了。

这几年的培训，让我有机会接触各种各样的学员，有些学员很优秀，不用督促，他们都能把事情做得很好。有些学员就不同，即使天天督促，也依然很难有大的进步。我就开始倒推这些人身上的特质。发现那些成长很慢的学员，有一些相似的特点，比如缺乏担当、执行力太差、目标感很低、利他心不足、

自卑感强等。就是因为这些,使得他们裹足不前,始终停留在原来的位置。

经过这样的倒推,就可以知道:缺乏担当、目标感低下、利他心不足、执行力差的人是很难获得成长的。这时,你就可以写《为什么能成事的只是极少数人》,一一罗列这些原因,然后用具体案例论证,一篇优质的文章就出来了。

运用倒推的方式,除了可以挖掘出深层次原因和新的观点外,还可以启发自己的思维和提升深度思考能力。很多人没有把文章写得足够有深度,就是因为不擅于挖掘深层次的东西。

7.2.3 逆向思考,反向挖掘

逆向思考在生活中是很常用的,普通人这么想,但你却不那么思考。比如,做社群,别人说人数越多越好,社群越活跃越好,我并不是这么想。首先,我会对社群人数进行控制,保持在能服务好的范围;其次,筛选进来的人,选择价值观同频并且需要我的人;再者,不希望大家在社群中虚假活跃,要做高质量的分享。

在写文时,也是如此。看到一个观点,反问自己:别人也会这么思考吗?我能不能有一些独特的思考?这个观点能不能带给读者冲击力?当你经常这样思考时,你写的文章会有更多的点赞和留言,也会让你从写作者中脱颖而出。

之前我写过一篇文章,题目叫《人生必懂的"困难守恒定律",你越早知道越好》。普通人之所以很难做出成绩,是因为总想逃避困难,总想走捷径,总想年轻时舒服一些。所以,有了这个逆向思考,我就提出了一个观点:人越早吃苦越好。其中有一部分观点是这样写的:

苦难，是人一辈子的必修课，而且每个人一辈子吃苦的总量是恒定的。这个阶段不吃苦，下个阶段就要吃苦，如果你提前把苦吃完了，很可能幸福就离你不远了。

如果你一味逃避这些苦难，那么它们就会在你始料未及的情况下，逼近你，然后把你彻底打碎，直到你爬不起来为止。

当我把这个观点写出来时，获得了很多人的认同，不少人给我点赞留言。

比如，很多人认为只要能赚钱的活都可以干，不管对他人有无影响。我不这样想，赚对的钱才有长期价值和成就感。根据这个观点，就可以写一篇文章《不是什么钱都能赚，赚对的钱选对的人》。这样的观点出来，一定会赢得不少人的认同，赚钱也是一种生命修行。

✏ 7.2.4　确定关键词，头脑风暴

我在写分享时，就是先确定关键词。比如，今天写"服务"这个关键词，我就围绕它来写观点：

> 好的服务是体验出来的。
> 感动客户的服务，就是好的服务。
> 服务少数人，影响更多人。

围绕"服务"这个关键词，进行头脑风暴，一下子就拓展出很多新的观点。如果是一个精练分享，围绕一个点来写就可以。如果写一篇文章，把这些观点整合起来，就能成为文章的大框架了。

从"服务"这个关键词，还可以挖掘出各种不同的故事。比如，服务客户的故事、被客户服务的故事、服务亲人朋友的故事、被亲人朋友服务的故事等。这种多维度的故事挖掘，既能拓展素材，还能拓展观点。

除了一个人头脑风暴外，还可以一群人一起头脑风暴。在开会时，经常会针对一个话题头脑风暴，这样一下子视角就更多了。每个人都有自己的观点，随便哪一个观点都可以写成一篇文章。

同样一件事情，有些人会顺向思考，也有人会逆向思考，还有人会批判性思考。每种思考都是一个观点，这些观点非常有利于写作，并且还能启发你的思维。

7.3　刻意练习写文的十字要诀

我们平台一直推广写作十字要诀：简单、精练、流畅、有说服力。

很多人写完文章后会出现这么几种情况：要么写得太啰唆，读者根本抓不到重点内容；要么写的都是一些记录性内容，根本没有什么说服力；要么整体文章流畅性很差，读起来十分吃力。

这些情况的出现，都是因为没有遵循写作的十字要诀。如果你平时刻意训练这十字要诀，那么我相信你的文字会更受读者欢迎。

接下来，我重点去剖析这十个字，进一步帮助大家提升写作能力。

7.3.1　简单：避免啰唆，语言简化

我现在写文，对于简单有了更高的要求。刚开始写文时，注重于长，想着怎么做更好的填充，怎么将文章变长。以为越长、越复杂，读者就会认为文章越有水平。

这种想法大大影响了我初期的公开写作，站在读者的立场上看，太啰唆，太复杂。

现在点评学员作业，看到他们写文太啰唆、太复杂时，我指出他们的问题所在，也会指引他们将语言简化，矫正他们的写文观念。

公开写作时，读者通常想读一些好读、容易读的内容。如果你将复杂的道理简单清晰地表达了，他们很愿意来读你写的内容。反之，他们则不愿意读完，甚至读了一小段就想跳出去了。所以，学员写文时，我首先告诉他们要避免啰唆，简化语言。

我在大二学习演讲时，有位老师就告诉我：听众不需要你解释太多，你只要把故事讲好，做好总结就可以了。

这句话对我很有启发，以至于后期练习写作时，我也会用这句话作为指导：读者不需要你解释太多，你把故事讲好，把道理讲明白，他们能够理解你要表达的内容即可。除非一些特别的地方，你可以做一些标注。

语言简化很重要，把那些冗杂的内容、重复的内容、无须解释的内容统统去掉，文章才能受到读者欢迎，才会让读者有读下去的欲望。

7.3.2　精练：总结凝练，逻辑清晰

写文的精练在于 8 个字：总结凝练，逻辑清晰。

我每天早上会写心语,心语就是精练分享,我会努力做到八字写文原则。有一天写"自在"这个话题,经过仔细构思后,我这样来写:

> 心无挂碍无挂碍故
> 无有恐怖是为自在
> 若心不为外物所动
> 若心不为外物所扰
> 若心不以富贵为贵
> 若心不以贫穷为哀
> 若心不以欢喜为喜
> 若心不以悲伤为悲
> 修心广大谦卑处下
> 与物无争方能自在

如果大家仔细分析这个分享,不仅会发现此文总结凝练,还会发现这是一个"是什么、为什么、怎么办"的逻辑结构。如果一个分享中满足这个八字原则,就是一个好的精练分享。

不仅写分享是这个思路,写文章也是如此。以《心沉下来,才能干大事》中开头的几个段落为例:

> 这个时代,每个人都钻入一个匆忙的旋涡,急着赚钱,急着结婚,急着要孩子,就连走路,也很着急。
> 每一个生长在这个时代的人,都有一种焦虑感。这种神情在每个人的脸上都能看得到,仿佛这才是正常的状态。
> 但很多人不知我们都病了,病得很严重,随时都有可能爆发出来,而且我们还不知道爆发的结局会是什么。

在创业这条路上，我们比别人走得更着急。大部分人都担心，如果不急着往前走，那么下一秒跌入悬崖的就是自己。

　　我时常去一些宗教的道场，在那里，能找到不一样的宁静，那不是不食烟火的宁静，而是淡然于贪欲的宁静。

　　在那里吃饭，我都感觉到很平静，那一刻，我感觉到心沉下来，真好。

　　能让心静下来，比赚得千两黄金还舒服，那一刻感觉自己是属于自己的。

　　这篇文章开头的几个段落中，用精练的语言描述这个时代的焦虑以及寺庙中的宁静。开头直接导入，然后运用对比造成反差，以此突出整个主题：心沉下来，才能干大事。

　　总结凝练，逻辑清晰，写文时，做到这8个字，不仅让文章更加出彩，同时还能大大提升自己的写作能力。

✎ 7.3.3　流畅：文笔流畅，过渡自然

　　如果你的文笔很流畅，读者读起来就会很轻松，反之，读起来就会很累。原因在于缺少过渡性词汇、句子非常长、段落不分开，很容易让文章缺失整体流畅性。

　　句子与句子之间的过渡，故事与故事之间的过渡，段落与段落之间的过渡，如果都做好了，文章的流畅性会大大提升，增强读者的阅读体验。反之，读者读起来乏味、疲倦，很容易让读者放弃阅读。

　　那到底该怎么做，才能使得文笔流畅，自然过渡呢？

1. 使用过渡性词语

很多连词都是过渡性词语，比如，"因为""原来""但是""于是""否则"等。运用这些连词，能够很巧妙地过渡到下一句或者下一段。

我常用这些连词进行句子与句子之间的衔接，故事与故事之间的衔接，段落与段落之间的衔接。这样既增加了流畅性，又能形成自然过渡。

2. 使用小标题过渡

如果你想使文章层次更清晰一些，使用小标题也是一种很好的方式。有了小标题，读者一看就知道这是过渡，阅读起来流畅性会大大提升。

有些作者为了方便，直接使用序列号，这也是一种不错的选择。比如，我要写20种极简生活方式，如果不用小标题形式，就可以直接标序列号，读者也能看得明白。

3. 使用总结语过渡

比如，你在跟朋友讲故事，当朋友听得津津有味时，你可以加一句总结语过渡，然后继续讲故事。你会发现，这种形式的过渡也是很不错的。

举例，我讲"孟母三迁"的故事，讲到中间时，写了一句总结语：孟母非常清楚环境对于一个人的重要性。然后继续讲后面的故事，这种承接，完全不影响整个故事的流畅性，而且能起到点睛的作用。

过渡越好，文章整体的流畅性就越强，这对于写作者和读者来说，都是非常有利的。

7.3.4 有说服力：说服他人，激发行动

写文章跟演讲一样，不是一味自嗨，而要说服读者，激发他们行动和改变。我是很注重这一块的写作者，知道自己写文为了什么。

不少写作者写文只是宣泄情绪，或者是多增加一些网络观点，没有号召别人开始行动和改变。这样的文章是不完整的，价值也是不高的。

比如，《2020年，我要践行的20条梦想清单》，我不仅在写自己的梦想清单，而且在说服大家相信我可以完成这些清单，并且在号召大家一起来写新一年的梦想清单。

如果这篇文章只是在写自己2020年的梦想清单，没有写到自己真正要践行，说服力也是不强的。如果写时没有说明梦想清单的重要性，写完之后没有号召大家一起来写梦想清单，就无法激发大家的行动。

所以，对于写作者，不仅文章要有说服力，自身也要有说服力。

什么意思呢？就是说，你必须是一个有结果的人。

如果自身写文很差，你就无法通过写文章来指导大家如何写作；如果自身赚钱能力很差，你就无法通过写文章指导大家如何赚取财富；如果自身身材不好，你就无法通过写文章指导大家如何健身。

即使你文章写得很出彩，别人也不会相信你，而且可能会觉得你这个人不靠谱。作为写作者，你必须是一个拿结果说话的人，纸上谈兵的东西即使再出彩，你的文字也不会很有力量。

要做一个"做得好，又写得好"的写作者，这样的写作者，无论走到哪里，都是非常受欢迎的，别人都愿意相信你，甚至给你付费。

7.4 写出优质金句的四种方式

无论是文章还是文案,看到金句,就会让人印象深刻、过目不忘,甚至拍案叫绝。金句能瞬间让作品提高一个档次,增加传播率。

为什么要学会写金句?答案很简单:让人印象深刻,加强读者传播。

拿《道德经》来讲,里面就有很多传播很广的金句,比如:

> 道生一,一生二,二生三,三生万物。天行健,君子以自强不息;地势坤,君子以厚德载物。上士闻道,勤而行之;中士闻道,若存若亡;下士闻道,大笑之。圣人无常心,以百姓之心为心等。

再比如,我很喜欢的一部电视剧《天道》,里面也有不少金句,比如:

> 要想做点事,别把自己太当人,别把别人不当人;这世上原来就没有什么神话,所谓的神话,不过是常人的思维不易理解的平常事;更高的哲人独处着,不是他们享受孤独,而是在他们身边找不到同类等。

这些金句,不仅有哲理、启发性强,而且好记、好传播,带给人的是情绪上的共鸣。那我们到底该如何写出金句呢?分享四种写金句的方式。

7.4.1 造句式

造句，就是一种迁移思考，把固定句式套到不同句子中。这种造句的方式，在起标题时，也是常用的。

比如，拿"所谓……就是……"造句：

> 所谓孤独，就是有的人无话可说，有的话无人可说
> 所谓擅长，就是日复一日
> 所谓高情商，就是懂得好好说话

再比如，拿"不是……而是……"造句：

> 不是你不优秀，而是你不努力
> 不是没有时间，而是你的注意力不在这
> 不是你不智慧，而是你太聪明

有些金句，你可以分析出固定的模式，然后从中找出规律，并且把它作为自己造金句的模板。这样做的话，你就有源源不断的金句了。

7.4.2 压缩式

压缩式是金句处理的一种方法，当我们总结了一段话之后，就可以压缩成一个金句。

比如，我之前写的一篇文章，题目叫《你与高手之间的差距，就在于简单》，里面总结了一小段话：当你不断自修时，你会发现，其实最智慧的东西，往往是来自我们内在，而不是通过外在求得。

这句话总结得还可以，但稍长了一点，不好记，不易传播，可以改成金句的形式：智慧来自内修，而非外求。

再比如，另一篇我写的文章《判断一个人能否成大事，只要看这一点》，里面有一句话是这样总结的：一个人的心量决定了他事业的大小，但凡企业能够做得很厉害的人，都有宽广的心胸。只有理解他人和包容他人，才能承载更多。

这段话也可以压缩成金句：心量有多大，企业就有多大；心量有多大，影响就有多大。

7.4.3 创作式

创作式蕴含一些修辞的方式，比如，回环和顶针。但这里我要谈三种形式的金句：AB，AC 型；AB，BA 型；AB，BC 型。

1. AB，AC 型金句

广告人朱家鼎说：不在乎天长地久，只在乎曾经拥有。这就是 AB，AC 型金句。

再比如，梅姨辩论科尔宾的一句话：你领导一次抗议，而我领导一个国家。这也是 AB，AC 型金句。

这种形式，就是重复一个词，但另外两个关键词是有变化的。

2. AB，BA 型金句

美国前总统小布什说：要么把敌人带给正义，要么把正义带给敌人。这就是 AB，BA 型金句。

再比如，美国前总统肯尼迪说：人类必须终结战争，否则战争就会终结人类。这也是 AB，BA 型金句。

这种形式，就是重复两个词，起到对仗作用。

3. AB，BC 型金句

《道德经》的两句话：一生二，二生三，三生万物；人法地，地法天，天法道，道法自然。

还有那句经典的广告词：今年过节不收礼，收礼只收脑白金。

这种形式，就是重复后面的那个词，但另外两个关键词是不一样的。

📝 7.4.4 改写式

看到一些广告词和金句，觉得特别经典，这时候就可以改写它。比如：要么现在死，要么精彩地活着。对于这个金句进行改写。

改写成写作的口号：要么现在写，要么永不写。
改写成践行的口号：要么现在做，要么永不做。
改写成演讲的口号：要么现在上台，要么永不上台。
改写成职场的口号：要么忍，要么滚。

很多金句都可以进行改写，运用到自己的写作中。这样你的金句就会源源不断，再也不愁没有金句素材了。

在生活中有很多的金句，可以不断收集，也可以自创。等这些金句积累多了，你就能随时随地调用它们，这对写作是非常有帮助的。

7.5 如何提升词汇使用技巧

要想表达出精练、丰富、有说服力的思想，必须在词汇上下功夫。当你的词汇量足够大时，你的写作表达就更加精准，就像古人做翻译时的要求：信、达、雅。

现代人很少专门研究词汇，大部分人停留在碎片化阅读，读一些自媒体文章。不像中央电视台主持人，如果一篇新闻稿在直播时，读错字，或者遇到生僻字不会读，都会影响他们的业务能力。所以，他们对于词汇的研究更精透。

在"我是演说家"比赛中，一位英语老师演讲教育这个话题时，谈到了现代人词汇的匮乏，看到一群鸟飞起时，他们会说："哇，好多鸟。"根本不会想到古人说的"落霞与孤鹜齐飞，秋水共长天一色"。现代人对于词汇的使用更简化，忽略了词汇的重要性。

如果一个写作者也是如此，那就很糟糕了，运用词汇的功夫也严重影响自己写文的质量。既然词汇这么重要，那到底如何使用词汇呢？在这里分享三种方式。

7.5.1 多使用动词和名词

我在读顾城的诗时，很少看到他使用形容词，他的诗中更多的是动词和名词，而且很多都是具象化的表达。

比如，顾城的诗歌《我喜欢在路上走》，其中一部分是这样写的：

> 我喜欢在路上走，太阳爱我，也爱所有人。我渴望成为一片大陆，在她的注视下，拒绝海洋。

又如，顾城的诗歌《门前》，开头是这样写的：

> 我多么希望，有一个门口，早晨，阳光照在草上。我们站着，扶着自己的门窗，门很低，但太阳是明亮的。草在结它的种子，风在摇它的叶子，我们站着，不说话，就十分美好。

在这两首诗歌中，作者用的都是名词和动词，给我们展现的是具象的画面。这样的表达方式让读者感觉很亲切，也很有代入感。

还有网络上至今都可以称得上经典的一段话：

> 你写PPT时，阿拉斯加的鳕鱼正跃出水面；你看报表时，梅里雪山的金丝猴刚好爬上树尖。你挤进地铁时，西藏的山鹰一直盘旋云端；你在会议中吵架时，尼泊尔的背包客一起端起酒杯坐在火堆旁。有一些穿高跟鞋走不到的路，有一些喷着香水闻不到的空气，有一些在写字楼里永远遇不见的人。

这段话在网上很流行，我也在写作中用过多次，这是很好的"动词+名词"的组合，把不同的生活方式表达得很突出。

要学会多用动词和名词，少用形容词。这样会使得文章更流畅，更精练，更容易形成画面感。

7.5.2 具象词汇增强画面感

在写作中，更多地使用具象词汇，能够加深读者的记忆。

比如，我们看这个世界，就会发现一些具象的事物往往可以直接传达给我们感官的感受。如一个人、一座山、一条河流、一棵树，当你输出这些时，读者的感受是最直观的。如果在这个基础上再加上一些颜色的修饰，那么就会更容易记住了。如：一个黑人、一座青山、一条蓝色的河流、一棵绿油油的树。

反之，一些抽象、深层次的概念，出现在你面前时，很可能一时根本记不住。你可能更多地在找抽象事物间的共性，以此来加深记忆。

顾城在《我会像青草一样呼吸》中，有一句是这样写的：

> 早晨的花很薄，午后的影子又大又轻，风侧过身穿越篱笆，在新鲜的泥土墙上，青草开始生长。

这句话很简单，但是读过之后我们会看到诸多极具画面感的事物。在这样的文字表达中，你顿时会感觉到那份宁静，一下子被带入某种意境之中。

顾城在诗歌《我是一个任性的孩子》中，有一段是这样写的：

> 我希望，每一个时刻，都像彩色蜡笔那样美丽。
> 我希望，能在心爱的白纸上画画，画出笨拙的自由，画下一只永远不会流泪的眼睛。一片天空，一片属于天空的羽毛和树叶，一个淡绿的夜晚和苹果。
> 我想画下早晨，画下露水，所能看见的微笑。画下所有最年轻的，没有痛苦的爱情。

具象的词汇可以在细节描写上更到位，更容易让人产生联想，代入感很强。读了这一段文字，你感受到了那份纯真，同时也感受到了种种景象。

7.5.3　同义词替换避免重复

同义词替换在写作中常用，就是为了避免重复。比如，你在形容一个事物漂亮，如果你在后面一直用漂亮这个词，读者会认为你词汇缺乏。这时候你可以替换成一些同义词，如：美丽、好看、标致等。

> 他今天去参加一个宴会，穿着漂亮的黑皮鞋，漂亮的西服，还有那一条皮带也非常漂亮。
>
> 他今天去参加一个宴会，穿着标致的黑皮鞋，一身亮眼的西服，还有那一条皮带也非常好看。

同样的两句话，你感受起来却是不同的。第一句感受到了作者语言的匮乏；但第二句做了同义词替换后，一下子就有了吸引力和生机。

词汇量实在不足，可以百度搜索同义词，作为词汇缺乏的补充。这样，你会写得更有美感，不会呆板、枯燥、缺乏吸引力。

常用的同义词，你也可以用专门的笔记本做记录，来做进一步的词汇积累。还有就是查找字典。我之前听有一个老师谈过，他最喜欢的一本书就是《新华词典》。作为他的床头书，每天晚上睡觉前都要翻阅一下，以此补充他词汇的不足，同时，也加深对于词汇的理解。

对于同义词的使用，大家可以阅读一些经典书籍。在阅读这些书籍时，细化研究，做进一步的积累，并且对于一些词汇，可以琢磨一下自己会怎么用。对于同义词的积累，我们也可以做到日拱一卒，每天积累一点点，坚持带来大改变。

词汇的丰富和使用对于写作者有非常大的帮助，如果你词汇特别匮乏，就非常影响文字表达。优秀的写作者在词汇打磨这方面会非常精准，有时候为了一个词，要思量很久，这就是一种严谨的写文态度。

第 8 章 写作变现：建立传播思维，放大商业价值

很多学习写作的人，最关注的就是写作变现，他们学习写作的目的很简单，就是为了找到变现途径。这种想法虽然显得很功利，但确实是很多人的真实想法，写作变现是他们最核心的需求。

谈到变现，一定会谈到传播，好的文章要传播，好的产品要传播，甚至是自己的个人品牌也要传播。因为在传播中，能放大商业价值，让变现更加轻松。下面专门用一大章节讲变现这个话题，真正把这个话题说透彻，以帮助更多写作者理解变现，更好地实现价值变现。

8.1 理解新媒体的正确姿势是什么

新媒体的本质是什么？我的答案：传播。

这个时代，不再比拼信息的价值，而是关注内容的传播力。传播越广，内容价值就越高。

会传播的写作者和不会传播的写作者，差的不仅是传播能力，还有收入。前者的收入可能是后者的几倍，几十倍，乃至几百倍。

我看到很多写作者辛苦地码字，但连自己都养不活。也看到一些写作者，靠写作可以年入几百万，甚至上千万，这其中的差距是非常明显的。自从跨入新媒体这个行业，我就越来越重视传播，因为传播力就是影响力，影响力就是变现力。

现在是人人能写作、人人能传播的时代，对个体来说，注意力就更加稀缺了。

作为一个写作者，更应该了解传播的重要性。要努力经营好自己的自媒体，让自己的内容更有竞争力，让自己的传播更有穿透力。

8.1.1 为什么传播这么重要

公开写作最重要的在于传播，有了传播才会有价值和反馈。我是一个原本不会传播，而现在非常重视传播的写作者。

为何有这么大的变化呢？

因为传播让我跟读者建立了信任和链接，能有机会靠近他们，让他们成为自己写作路上的同行者。同时因为传播，我还拥有了一些合作和变现的机会。

传播在两方面很重要，分别是：价值和反馈。

1. 价值

我以前做的是留学英语培训，刚开始讲课，要么是线上一对一，要么是小班课，信息非常闭塞，接触的都是 18 ～ 25 岁要出国的孩子。虽然我在专业上有了突破，但个人成长非常缓慢。

后来，跟轻课英语平台合作，同样是做英语培训，但受众一下子就打开了。公开课有几千人来听，学生从十几岁到五十几岁不等，这是通过平台传播带给我的价值。再后来，我经营一个近 7 万人的公众号，开始公开写作，每篇文章有 2000 ～ 4000 的阅读量。也就意味着，每天有几千的学员能看到我写的内容，这对我来说是莫大的鼓励。

你想想，以前只能对着几个学生上课，现在我可以对着成千上万的学生上课和写作，实现了价值上的几何倍增长。写作和讲课给我带来了巨大的价值，让我越来越重视传播。身边不少 IP 朋友就是通过自媒体做起来的，更多的读者认识了他们，更多的资源开始向他们倾斜。

当然，还有很多专业背景很好，但缺乏传播思维的人。他们有一技之长，但无法把一技之长发挥更大的价值，无法做到一份时间出售很多份。对于普通人来说，重视传播，也就意味着重视价值本身。

2. 反馈

公开写作还有一个好处，就是外部反馈。如果只是自己写，自然会缺少传播的途径，那么反馈就很少，你也很难清楚自己到底在哪个水平上。但有了外部反馈，你就知道自己的优势和劣势，应该在哪一方面提升。

刚开始公开写作时，我写过很多门类，比如书评、成长故事、励志故事、认知升级、观点等。后期经过外部反馈，写个人成长类和观点类更受欢迎，我就调整了自己的写作方向。

这对我是很好的启发：通过传播建立外部反馈，然后修正自己的方向。再后来，我做训练营、做社群也是如此，通过外部反馈不断调整自己的方向，建立更好的服务方式。

对我来说，外部的激励也是很重要的，写作之所以能够坚持 5 年多，就是因为有了读者的激励。他们愿意看，愿意给优质反馈，我就更愿意写了。无论是写作还是做社群，自己都一直致力于帮助用户实现自我精进。用户认可，乃至专业的人认可，就会给我很大的信心持续写下去，让自己成为终身写作者。

作为一个写作者，一定要重视传播，因为传播带来的价值和反馈，对你来说是极有价值的。

8.1.2　确定你的传播定位

要想变现，先要搞清楚你要传播什么，也就是说先要给自己一个标签，让用户记住你。

当你的标签在用户心中占据位置，用户需要你的服务，就会主动来找你。这就是定位的价值，定位精准，传播才会更加有效。

这是以终为始的思维，你要思考好自己变现的点在哪里，然后输出对应价值的内容。举例，我做写作培训，变现产品就是写作课程和写作社群。有了这个变现定位，那么传播定位也就清楚了，我要输出跟写作相关的内容，包括写作技巧、写作成长、学员成长、内容增长等，你的变现方向决定了你的传播方向。

假如你输出小说、诗歌、情感问题、最新新闻等内容，这些完全跟你的变现定位不符。那么你吸引过来的用户也不是精准用户，传播的价值和意义就不大。

举例，我一个学员，做情感咨询的，但是他输出的内容都是最新的一些新闻和热点事件，内容阅读量是有了，但后期变现乏力。主要原因在于他没有确定好自己的传播定位，输出跟自己变现定位不相符的内容，导致吸引的用户不是精准用户。

再拿樊登读书会举例。樊登老师一直在输出关于讲书的内容，特别是在抖音上，翻十个视频，就有一个是他的。长期下来，他吸引的用户都是跟他定位相关的，都是想读书和听书的人。定位精准，吸引过来的用户也极其精准。所以说，樊登老师的变现能力就相当厉害。

作为一个写作者，你要想清楚自己的传播定位，输出跟自己定位相符的内容。这样才能扎根一个领域，吸引到精准用户，给自己的事业大大地赋能。

8.1.3 如何触达你的用户

要研究传播，就要明白如何触达自己的用户。作为写作者应该要清楚，你想让自己的重要内容可以被哪些目标用户看到。如果你触达不到目标用户，那么也就影响不了他。

那如何触达你的用户呢？分享四种途径。

1. 自媒体

作为写作者，第一层传播途径就是你的自媒体，如公众号、头条、微博、知乎等。文章一发出来，用户直接通过你的自媒体号看到，这是第一层触达。现在很多写作者，都会选择多平台分发文章，目的就是让更多读者能够看到。

还有些作者，会开2～3个公众号，重要信息或者重要广告会同时在几个号发，目的是让读者不要错过这些信息。特别有些号发课程或者社群招募广告，他们需要直接触达用户。因此，他们会在多个公众号上分时间段发，目的就是让用户知道他们正在做某件事情，如果你有需要可以及时下单。

2. 朋友圈

很多写作者会把公众号和其他平台的用户导入自己的个人微信号，就是希望通过朋友圈看到他及时更新的内容，这是第二层触达。朋友圈是一个非常重要的分发场所，好的文章可以通过朋友圈实现二次传播。有一些爆款文，还会在朋友圈出现刷屏的现象。

现在公众号的打开率已经很低了，不足2%，这时加上朋友圈的第二层触达，就会有更多用户打开你的文章，了解你最新发布的信息。所以把用户导入个人微信号是很有必要的，不仅加深跟用户的连接，还能够更好地触达用户。

3. 种子用户群

公众号粉丝不多的作者，可以建立种子用户群，这些用户都是经过筛选的，对你有强烈的认可。建立种子用户群之后，需要用心来维护，让这些人能够享受特殊福利，跟你有更强的连接。当你发文到社群时，他们能够看到，并且有些用户还会给你转发。

如果你是一个成熟的写作者，可能还有付费社群，这些人对你的信赖度更高。因此你更要注意用心服务这批人，因为他们是付费用户，对你的认可度极高，是很好的传播者。社群是对用户的第三层触达,而种子用户群更能增加你文章的阅读量,会第一时间了解你的信息,也会第一时间给予你支持。

4. 超级节点

能量比较大的用户,你需要特别对待。他们在你的好友当中影响力比较大,如果你的文章能够得到他们的传播助力,就能影响更多人。这些超级节点需要你特殊对待,平时多联络,多增加连接,最好能够成为朋友。等到你需要帮助时,如果得到这些人的助力,一个人可以抵得上几百人,乃至上千人。

我以前不是特别注重维护超级节点,但后来就不一样了。有一次年度的大课分享,我发现一个超级节点用户能够带来几百人的听课用户,他的能量比几十人的累积还大。如果你身边有几十个这样的用户,一到重要时刻,他们都站出来,你想想这影响力多么巨大。

理解新媒体的正确姿势,会帮助你写出生产力和影响力,也会助力你在写作变现上更有成绩。我们需要在写作路上建立一个又一个里程碑事件,强化自己的传播力和影响力。

8.2 如何选择平台放大写作商业价值

会做传播的写作者与不会做传播的写作者,差距不只是写作能力上的,更是商业思维上的。会做传播的写作者收入可能是不会做传播者的几十倍,甚至上百倍。

我认识一个写作者,他有着比常人更厉害的商业洞察力。2017年靠做写作课,变现上千万,同时靠着这一波的势能公众号增粉40多万。

普通写作者只能默默码字,传播范围也很小,收入一年可能只有几千,多的一年几万。

我在 2018 年就开始关注写作传播价值,同时关注各个平台的商业价值。好的内容遇到好的平台,其传播价值会呈现指数级增长。

一个会传播的写作者,一定会考虑选择好的平台放大个人商业价值。我会把写作者比作石头,石头放对地方很重要,路边的石头和博物馆的石头价值完全不同。平台能够衬托出一个写作者的价值,写作者选对平台就等于放大了写作商业价值。

8.2.1 最有商业价值的四个写作平台

对于写作者,最重要的就是找到一个平台深耕,做出自己的影响力来。我给大家推荐最有商业价值的四个平台:公众号、今日头条、知乎、微博。

1. 公众号

公众号目前依然是创作者最依附的平台,因为它的内容价值最高,商业价值也最高。

要想在公众号增强自己的写作商业价值,就必须持续生产高质量的内容,投入的时间和精力更大。微信公众号定位的依然是长文,作为一个写作者,如果想把公众号经营好,最好一个内容团队一起来做。如果只是一个人来做,可能很困难,现在公众号都是团队一起运营的。

2. 今日头条

今日头条慢慢开始崛起,成为很多写作者新的传播地。头条偏新闻娱乐性质，如果你的内容跟这一块相关，就会取得更高的传播率。头条上有个职场写作者，叫焱公子，他经常评说一些新闻事件，在头条上能获得几十万，甚至上百万的阅读量。头条的变现途径也有很多，是非常值得深耕的一个平台。

3. 知乎

知乎跟头条属性不同，专业性加强，内容质量也较高。上面有非常多的专题，每一个专题都有许多专业人士解读，他们阐述的观点都不尽相同。作为写作者，你可以挑适合自己的专题进行专业性回答，优质的回答可以持续给你增加曝光量。不少写作者通过知乎引流到公众号和个人号，然后通过微信来做成交，这也是商业价值体现的一种形式。

4. 微博

微博是聚集各种热点事件的地方。比如明星结婚、明星出事等，都会在微博上第一时间火起来。微博上有很多知名博主，他们的影响力也是很大的，因而他们的内容也能得到很多人的点赞和留言。比如，我一个朋友，微博名@写书哥。他认真经营微博，第一期开了微博写作训练营，报名满员（500人）。后来招第二期，也满员。微博内容定位精准，也会给自己带来很好的商业价值。

8.2.2 选择一个平台发挥最大价值

每个人写作风格不同，因此，找到适合自己的平台很重要。比如，我们平台定位是写成长类和观点类内容，故事性多一些，如果你讲道理太多，那么就很难在我们这边上稿。

目前，公众号、头条、知乎和微博这四大平台都很不错，你可以选择这些大平台上的小平台，选择适合自己的细分化领域。比如，我刚开始写作时，写人物和观点比较多，自己就会在公众号上找对应的大号来投稿。如果你能在大号上投稿，那么阅读量是非常高的，至少也有几万，如果写得好，可以达到几十万，甚至上百万。

还有一种方式非常值得推荐，就是：成为某个平台的重点扶持对象。

这样做好处非常多。比如，你成为头条的重点扶持对象，那么内容就有更多推荐，曝光量更大，官方的培训还会主动联系你参与。如果你做得好，他们还会邀请你线上、线下做分享，不仅增加个体知名度，同时还有保底收入。

如果你成为一个细分化领域的小平台的重点扶持对象，也很有优势。你会优先成为他们的签约作者，稿费比一般作者都要高，很多内部资源都会向你倾斜。比如，我以前是一个小平台的签约作者，后来这个号直接给我运营了，这无疑让我有了更多机会跟读者链接。不仅让我有了小范围的知名度，还有很多机会去变现。

作为一个写作者，很重要的一点就是找到适合自己的平台。这样能够借助平台的势能，跟着平台一起往前推进，这也是很多优秀写作者的成功之道。

8.2.3 要么第一，要么唯一

当你选择好一个平台时，你要做的就是努力成为这个平台的重点扶持对象，要么成为第一，要么成为唯一。

这是我作为成熟写作者的经验，成为第一和成为唯一，都无法被取代。这时，平台给到你的资源也是非常好的，最好的资源会优先向你倾斜，最重要的是你拥有了真正的话语权。

我会推荐学员去自己向往的平台上班，成为它的用户跟成为它的员工完全是两码事，机会不同。最终要努力成为这个平台的核心成员，要么第一，要么唯一。

当然，这个时候更多的要靠自己，如果自己都不努力、不拼命、不重视、不主动，那么谁也帮不了你。

我在做英语老师时跟一个英语平台合作，优势不大明显，因为几位合作的老师都拥有十多年的教学经验。于是我主动、卖力、抓住机会，后来独立运营了一个公众号，开启了个人品牌之路。我通过自己的努力成为这个平台的唯一，既会教英语，还会写文章运营公众号。

跟平台合作，一定是彼此成就，如果你能成为那个替代不了的人，那么你的机会就比别人多很多。这样跟平台合作是非常有优势的，而且极其有利于自己长期在这个平台发展。

当你还是一个普通写作者时，就要考虑选择什么样的平台，一个好的平台抵得上好几个一般的平台。跟好的平台合作，就是彼此成就，你会因为平台的成长而加速自我的成长。

8.3 实现写作变现的具体途径

我在做写作培训时，给大家梳理过写作的四个阶段，不同的写作者所处的写作阶段截然不同。

第一阶段，记录、思考、反省，目的是培养写作习惯。

第二阶段，写自媒体文章，如公众号、头条、微博、知乎等，目的是找到变现途径。

第三阶段，持续经营自媒体，以及做课程、出书，目的是提升个人影响力，用写作放大个人商业价值。

第四阶段，用写作来修行，通过写作进行多维度的修行，心性修行、财富修行、影响力修行等。

你会发现，到了第二阶段之后，很多人写作就开始追求变现了。为什么呢？因为变现给到他们更强大的写作驱动力，这时，不用谁督促他们，他们一定会特别自觉地写作，因为写作带给他们财富。

一开始培训学员时，没有特别注重变现，发现有些学员就是坚持不下来。我很仔细地分析了那些坚持下来的学员，发现一个共同点，就是写作让他们实现变现了。变现能力越强的人，坚持写作的驱动力越大，有些人做了自媒体，有些人做了课程，有些人还出了书。

通过这个调查，我就意识到，有些人不是真的热爱写作或者愿意坚持写作，而是写作带给他们很大的价值回报，尤其是财富上的回报。所以我开始把写作跟财富进行结合，带领更多人实现写作上的价值变现。

这个时代，很多人开始写作就是为了变现。他们想投稿赚钱，想做自媒体，想打造个人品牌等，目的就是为了拓展自己的副业收入渠道。

写作依然是这个时代最便捷的变现方式，它能很好地增强自己获取财富的能力，不会写作，变现能力一定大打折扣。

那到底如何通过写作来变现呢？分享常见的四种写作变现方式。

8.3.1 投稿变现

对于很多没有精力经营自己自媒体的人，投稿是一个不错的变现方式。现在很多公众号都需要优质内容，如果你能够满足他们的条件，就可以把稿件投到他们那边赚取稿费。

投稿的重点是你要满足平台需求，所以必须根据自己的风格来选择平台。现在有几个号专门搜集哪些平台需要稿件，比如：全网投稿平台、全网约稿平台。它们每天都会发布哪些公众号需要稿件，包括它们的条件，你可以寻找适合自己的来投稿。

现在公众号的投稿价格每千字一般在 200～800 元之间，有些大号会上千元，普遍的都在几百元。如果你的内容优质而稳定，就可以长期给一个平台供稿。

当你一个月内能在一个平台上投稿 3～5 篇时，就可以申请成为他们的签约作者。成为签约作者是非常有利的，除了稿件通过率高之外，稿费还比普通作者高一半，有的甚至是一倍。

有些大平台的签约作者每月还有固定工资，比如今日头条就会签约一些优质写作者，只要你能满足他们的要求，他们就会给你保底工资，官方了解在 2000～10000 元之间。不仅如此，你还可以通过写青云计划文章获取额外收益。如果你能够上心、精进一些，在一个平台每月赚取大几千也是很有可能的。

因此，找到适合自己的平台，研究它们的调性，然后打磨好自己的文章，就可以用投稿创造自己的副业收入渠道。

8.3.2 广告变现

广告变现很普遍，分享三种形式。

1. 流量主

这个功能公众号和头条都有。比如,公众号只要你拥有 5000 个粉丝,就可以开通流量主功能,官方给你匹配广告来赚取对应的广告费。

如果有人点击了底部的广告,每点击一次就有 0.5～0.8 元的收益,有时候一篇阅读量比较高的文章,能带来好几百元的收入。

2. 接外部广告

这个需要公众号的用户基数以及用户黏性。如果你的号经营得比较好,自然会有很多广告商来找你,用户越多,黏性越高,报价也就越高。

按行业报价,一个阅读量的价格在 1～5 元钱。如果你公众号的平均阅读量在 1000,粉丝黏性还不错,那么可以报价 2000 元。有些近百万粉丝的号,头条报价能到 5 万～6 万元。所以,你的号粉丝越多,黏性越高,自然价值也就越高。

3. 产品分销

公众号和头条都有插入商品的功能,通过分销产品来获取带货的返佣。知识付费兴起的两年,很多人会分销课程。现在很多人通过带货做分销,这跟直播带货的逻辑差不多。

如果你经营公众号,就需要先把粉丝数量做起来,才有机会接广告。但如果你做头条,可以通过微头条带货。只要内容好,机器也会给你做推荐,从而带动产品的分销。

这三种广告变现的方式,看看哪一种比较适合现阶段的自己,就使用哪一种。广告变现最重要的是把自己的号做大做强,这样自己变现的话语权就会更大。

8.3.3 知识付费产品变现

如今,很多人通过知识付费来做变现,只要你拥有一技之长,就可以做微课、系列课和付费社群。

现在各行各业都有自己的课程出来,比如:写作、演讲、读书、PPT、Excel、瘦身、营销、心理学、读心术、历史、商业等。但凡你能接触到的领域,在喜马拉雅、十点课程、荔枝微课、千聊等平台都有对应的课程。

如果你有自己的核心竞争力,也可以做一门课出来,作为自己变现的方式。但前提是要考虑自己通过什么样的形式做推广,如果没有合适的平台给你推广,很可能会出现课做出来了却卖不出去的窘境。

做课之前,最好能够找到合作的大平台,这样确保课程能有好的销量。

还有一种变现形式也很常见,就是付费社群。有人做短期训练营,如:21天、28天、30天的。也有人做长期的会员,如:半年的、一整年的。

这两种社群我都做,当然不同的社群,服务和运营重心也不同。短期训练营更重视学员的学习结果,而长期社群更重视学员之间的深度链接。

社群通过运营可以更好地凝聚用户,让彼此的链接更深,让用户跟随你走得更远。

如果有条件,我建议大家做付费社群,每个人都要学会做群主。除了变现之外,还可以更好地提升自己的社群运营能力和领导力。如果未来你能服务一批群主的话,那么你存在的价值就更大了。假如你能影响100个群主,每个群主有1000人,那么你就能影响10万人,影响力就是变现力。

8.3.4 写书变现

当你在行业中积累到一定程度时，就可以考虑出书了。出书并不是我们想象的那么难，反而我觉得每个人都应该写本书。写书是对于系统知识的整理，让你既着眼于整体，又着眼于局部，这是一种很好的自我梳理方式。

写书也是很好的变现方式，既提升了影响力，还能够通过版税赚钱。最重要的是，出书会让你很有成就感，有了自己的代表作，走出去之后的身份也会大有不同。

不要觉得写书很难，如果能够做到持续输出优质内容，而且能够在垂直领域深耕，那么你出书的机会就很大，编辑也会主动来找你写书。

作为新作者，如果你的影响力不足，那么谈到的版税会低一些。但如果你有了一些影响力或者出过书，那么能够谈到的条件自然会更好。

我现在就给自己定位为持续出书的写作者，出书是我跟这个世界重要的连接方式。

我鼓励每个人都要写本书，出书是这个时代最好的价值变现和影响力提升方式。

写作变现对于每个写作者来说都非常重要。无论是新作者还是老作者，都希望能够通过写作来做变现。但我们要明白一点，就是写作变现的本质是不断提供优质内容，如果你的内容足够优质，就有用户为你埋单。做自媒体、做课程、做社群和写书，都是如此。你给用户持续提供优质内容，就是最好的写作变现方式。

8.4 今日头条写作变现的九种途径

今日头条这两年一直是很多写作者关注的平台，特别是新手。公众号的红利已经没有了，写作者很难把一个账号做到几万，乃至几十万粉丝。对他们来说，今日头条是一个不错的选择。

2017 年我就开通了今日头条，当时还在做英语培训，写了几篇文章后就没有继续更新。2018 年底继续写起来，经过一年的纯文字输出，粉丝增长了 6.2 万多人。

在头条上我们只用了三成的功力，主要是因为头条粉丝的黏度目前还比较低，所以还没有用全部的力量来经营，但我们一直在持续输出内容。

头条写作我是很有发言权的，所以专门用一节来梳理这一方面的内容，解决很多写作者对于头条写作变现的困惑。对于头条写作变现，我一共分享九种变现途径，总有一种适合你。

✏ 8.4.1 青云计划奖

现在写作者都盯着青云计划奖，原因在于每个月只要写上几篇青云计划，可以拿 1000～3000 元钱。有些作者，通过投稿到其他头条号，来获取每月第一篇的 1000 元青云计划奖。

如果你能把青云计划这一个点做好，你是有可能月入几千，乃至过万。

2019 年上半年，我们专门攻青云计划这一点，也帮助不少学员拿到了青云计划奖。

1. 青云计划的奖励标准

头条每天会从海量的文章里挑选出 100 篇优质原创文章，奖励 300～1000 元。每月第一篇青云计划，奖励是 1000 元，后面的都是奖励 300 元。

头条每个月还会从获得青云计划的作者里挑选出优质创作者，给予 5000 元的月度奖励。这里有一个提审要求，当月至少获得 4 篇青云计划奖的人才能入选。

连续 2～3 个月保持稳定、优质更新的青云计划奖获得者，能跟头条签约，每个月有保底工资，官方了解在 2000～10000 元之间。同时，也不耽误你获取青云计划奖的额外收益。

2. 青云计划文章的要求

首先你得过原创，过原创很简单，一个月写 10 篇原创文章就可以了。

现在对青云计划文章的要求变高了，但也无非三点要求：信息量大、稀缺性强、干货多。

第一，信息量大。你要在一篇文章中传递足够多的信息，这也意味着你要花时间找比较多的素材。

第二，稀缺性强。你的选题在海量文章中要有稀缺价值，稀缺度越高，获奖的概率就越大。

第三，干货多。你的文章字数多，逻辑性强，同时给到的知识点也足够多。

只要满足了这三点要求，你获奖的概率就大大提升。这也就意味着，写出一篇青云计划文章，你要花的时间足够多，很多人要花 6～8 小时，才能打磨出一篇青云计划文章。

所以，你想要长期靠青云计划文章来变现，就要锻炼稳定的内容输出能力，而且内容质量也要长期稳定，这样你靠这一个点也能做到月入几千。

8.4.2 广告收益

这里分三种：第一种是头条广告，底部的流量主收益；第二种是微头条流量主收益；第三种是自营广告。

1. 头条广告

这主要来源于文章底部的流量主，跟公众号一样，底部有插片广告，只要你点进去，就会加大收益。这种变现方式看起来很简单，但要想做好这方面的变现，就要写流量文。阅读量越高，收益就越高。如果你能写出百万千万的流量文章，收益能达几千，甚至上万。

2. 微头条流量主

前不久微头条也开始开通流量主收益了，目标要求是粉丝1万以上，满足条件的都会开通。目前陆续在开通中，后期可能要求会更高些。这方面的收益，还是来自于你得写高阅读量的微头条，大概300万～400万阅读量的微头条，能够变现100元左右，收益不高，但也是一个收益来源。

3. 自营广告

这相当于公众号的甲方广告，报价接单发文，然后就有广告收益。如果你的号做得好，就有稳定的广告资源，那么这方面的变现收益也是比较稳定的。广告收益这一块是头条很重要的一部分,如果你想在头条变现,这方面一定要深入了解。

📝 8.4.3 付费专栏

付费专栏就是知识付费内容,包括图文类、音频类和视频类。

如果你是某个细分化领域的行家,这一块的变现就很适合你。头条的流量比较大,你的付费内容会触达更多人。

特别是高质量的图文类,如果你的内容质量高,并且具有稀缺价值,那么你的付费内容会被推荐给比较多的人,也就有更多人会为你的专栏付费。

我自己在头条上也做了一个图文类付费专栏,目前卖了550多份。等全部更新完,应该可以卖1000份左右。

相对于音频类,视频类的专栏更受欢迎。如果你有能力和条件,就可以做视频类专栏。不仅可以更好地变现,而且会帮助你吸引更多的粉丝和用户。

如果你的粉丝基数大,你可以帮助别人来分销课程,让他人的专栏入驻到你的头条中去。这样你可以通过分销他人专栏变现,这也是一种不错的方式。

📝 8.4.4 付费圈子

头条圈子就相当于知识星球,通过做一个社区、圈子,提供内容和互动来做变现,玩法跟知识星球是一样的。

但头条付费圈子活跃度比较低,很多人开了付费圈子,但变现效果很一般。

如果现在还开知识星球,买的人就很少了。除非圈主的内容质量确实很有价值,市场稀缺度特别高。不然很可能开了圈子,更新了内容,却没有人来付费。

我做过两个知识星球,对于付费圈子的了解更深一些。所以在头条上开圈子时,就没有做付费的,做了一个免费的写作成长圈子。现在里面有 900 多人了。

无论圈子是否付费,都可以很好地沉淀你的用户。你需要做的,就是定期更新优质内容。

8.4.5 内容电商

现在头条上商品非常多,找到适合自己定位的商品,你就可以很好地来带货了。

关于内容电商,我主要分享两种:微头条带货和头条文章带货。

1. 微头条带货

微头条带货很简单,就是通过讲故事,逐渐带入商品,然后附上链接和贴片广告。有些商品在微头条上卖得非常好,比如菊花决明子茶。很多人在带这个商品,我看到几十万人买了,成了头条爆品。

2. 头条文章带货

头条文章带货跟公众号一样,你需要写一篇优质文案,最后附上你要带的商品,文案好坏直接决定销量。

内容电商是头条上很重要的一个变现板块,对于新作者,比较适合微头条带货;对于成熟作者,更适合头条文章带货。

8.4.6 悟空问答

悟空问答也是不少作者在做的板块,你的悟空问答一旦经过系统评估审核后,就会给你开通收益功能。

要想获得悟空问答的持续收益,得注意四点。

第一,原创度。悟空问答这一板块首先重原创度,搬运、抄袭肯定会影响你的收益,可以借鉴,但不要抄袭。

第二,垂直度。头条号非常重视垂直度,你的回答越细分就越有参考价值,当然机器会给你更多推荐,你的回答会被更多人看到。

第三,回答质量。要想产生好的阅读量,字数至少在500以上。同时,要提升自己的内容质量,一般你的内容质量OK,都可以推荐至首页。再加上一些排版和图片,你的推荐就更高了。

第四,坚持答题。持续的内容输出和答题很重要,有些优质作者每天都会回答几道题,头条号会给予这些人扶持。如果你断断续续,很难获得比较多的收益。

要想在悟空问答上有好的收益,当然写爆款是最好的选择。但爆款不是天天能写出来的,普通人更多的是抓质量和持续度。这两点做好,你也能很好地运作悟空问答,做一些副业变现了。每月几百元,乃至1000~2000元还是有可能的。

8.4.7 用户赞赏

好的文章会受到用户赞赏,这个逻辑跟公众号是一致的。

但头条粉丝的黏度更弱一些,如果你的文章确实能帮助到他,给他启发,那么用户愿意给你赞赏5元、10元的。

我在头条上有收到打赏近100元的。说明我的那篇文章确实给到他很大的启发和触动，不然他也不会给我打赏这么多了。

用户赞赏这一点是基于文章质量和长期的信任积累，这跟前面的直播打赏和带货逻辑是一致的。只有你长期给用户提供价值，他们才愿意用金钱来支持你。

8.4.8　征文活动

打开头条电脑端，你会看到每个月都有不少征文活动，还有一些征文比赛。普通的征文活动，少的奖励几百，大的奖励上千，还有一些大型比赛类，奖励也有上万的。

我也参加过几次征文活动，有一次获得了 300 元的京东购物卡，也算是一次小的奖励了。

征文这一块，新作者可以多参与。这样头条会给你提供更多机会，让你获得更大的奖励。

8.4.9　引流变现

引流变现也是做培训的人很关注的。我们通常用的方式是把头条的粉丝引流到微信个人号，然后通过个人号卖知识付费产品变现。

很多人用资料包之类的东西做引流，价值感会增强一些，但引流效果很一般。

很多人没有把头条号经营好，只是想着引流，这样很难真正吸引到优质精准用户。

做头条，最关键的是做内容，如果你能持续输出高质量内容，粉丝自然会关注你，那么你做一次引流，就会有很多人加你微信。

举一个例子，有个叫水木然的作者，长期输出高质量内容。2019 年 8 月，他做了一次微头条的引流，结果有几千人加微信，最后把微信添爆了。

这说明好的内容、稀缺的内容就是最好的引流方式。就像我常说的，作品会给你带来长期的优质流量。用心打磨内容、用心打磨作品才是根本，不要总想着引流，这种思维会让自己走不少弯路。

通过这一节，我分享了头条的九种变现途径。对于新的写作者来说，进入头条写作，可以只打一个点，也可以多种变现方式结合。总之，能够找到适合自己的变现途径就可以。

头条写作变现，这一两年都在热门期。但我希望大家能充分了解之后再开启这条路，对大家持久经营头条有莫大的帮助。

8.5 如何突破写作持续变现的瓶颈

无论在什么阶段都会有人问：现在学写作，还来得及吗？新媒体的红利期还在吗？

这时，我会跟他们说：写作不只是为了变现，它还是你人生进阶的重要武器。如果一个人真的懂得写作的价值，即使遇到了低潮，也会坚持写作，持续成长。一个不断精进自己的人，一定会遇到一些机会，恰恰是这些机会，帮助他们实现了跃迁。

在写作变现这条路上，一定会考量自己的专业能力。这个时代，越来越需要专业水平更高的人。如果你的专业水平很高，薪水一定非常不错，你会活得很好。写作也是如此，专业能力越强，被淘汰的概率也就越小。更重要的是，你的上升空间越来越大，你会因为自己的专业能力抓住不少高质量的机会。

要想做到此，就需要不断打磨自己的专业能力，比如，接受一些新的写法，拆解更多高质量文章，反复修改自己的文章，给自己的约稿定更高价格等。这些都会让你的专业能力越来越强，更重要的是让你的持续变现能力更厉害。

追求变现和追求持续变现是两个不同的层级。前者只追求短期变现或者阶段性变现，上升空间比较小。而后者更注重长期稳定性，那么也就意味着学的东西比别人多，挑战的困难比别人多，甚至是付出也比别人多。唯有如此，才有打造持续变现的能力。

那具体该怎么做呢？在这里，分享三个关键点。

8.5.1 建立写作的复利思维

如果你只是把写作变现停留在打赏、投稿、赚广告费上，那么你的眼光就会变得很狭隘。

假如你是一个成熟的写作者，就会发现写作不仅可以直接变现，还可以让我们建立连接力、增强竞争力，让自身的能量越来越强。当你能量越来越强时，人、财、物就会被你吸引过来。

很多人只看到了写作直接的变现，却没有看到写作背后的复利思维。举例：我写了一篇干货文发在公众号上，同时还分发到其他的平台做多平台传播。其次，我把这篇干货文整理成了一篇演讲稿在社群做分享，在线下活动分享。再者，写书时，把它作为书中的一小章节。

从单方面的打赏变现，到多元化的传播变现，再到分享课程变现，最后到书籍变现，这就是写作的复利思维，延长了作品的生命周期，增加了内容本身更多的价值回报。

写作变现遇到瓶颈，通常是思维的瓶颈，往往是构建了单一的写作变现形式。这时候，我们需要做的是建立一个稳定的写作变现结构，然后找到优质的写作变现资产，并且想办法让这种回报形式延长生命周期。

8.5.2 洞察市场，扎实写作

一个成熟的写作者，需要一定的洞察力，这种洞察力就是捕捉市场的能力。当一个热点人物和热点事件出现时，你能不能第一时间把握住，并且以独特的视角写出来，这就要考验自身的写作能力了。

一个好的写作者要洞察市场走向，如果只是停留在大众普遍的观点中，是很难写出影响力的。

市场是不断变化的，写作也是如此。如果一直一成不变，那么就很难抓住一个又一个关键点。只有不断变化，拥抱市场，才能成为市场的宠儿。

时间长了就会知道，写作可以让一个人变得踏实、扎实、耐心。因为你需要做的就是写好每一篇文章，然后用心打磨它。

所有通往捷径的道路都是弯路。走捷径是人性，不走捷径就是自我的克制，这也是一种内功修炼。

比如，写作时，有人不断追热点，跟着热点跑，希望通过写热点加快阅读量和粉丝量的增长。时间长了，发现写作的心态变了，最关键的是自身价值观也变了，这就很麻烦。价值观决定一个人的命运，价值观变了，写作之路就很危险。

写作要注重长期稳定性，而不是一时的 10 万 +。你需要明白的是，你的作品能给读者带来什么价值和重要信息，而不是一味站在风口上漂浮。长期来看，这样没有什么好处。

扎实写作，不仅要让自己的心态保持稳定，还要让自己更扎实地做内容。把工匠精神运用在写作上也是可以的。做内容就需要扎实、踏实，用笨办法才能做出好内容。

8.5.3 建立稳定的写作系统

有一些写作不错的学员问我："一开始写作时，很有感觉，总体内容质量比较高。但几个月过后，每当写作时，都不知道要写什么，而且写出来的内容自己总不满意，遇到这种情况该怎么办？"

每次遇到这种情况，我内心很理解，就会跟他说："你现在最需要的，就是从输入着手。写作就像拉弓，当你的箭都射完了，该怎么办呢？答案很简单：补箭。所以，你需要建立稳定的输入系统，每天确保自己有一定的输入。我自己再忙，每天都会有至少一小时的输入，这种稳定的输入帮助我稳定地输出。"

要想在写作上持续高质量输出，就需要自己在输入上着重下功夫。我的输入方式有很多，比如读书、看文章、看电影、跟人聊天、听课程、分析一些优质自媒体号等。这些稳定的输入帮助我在输出端做得较好。

除了输入系统，还要打磨自己的输出系统，要确定好自己的输出平台。比如我，主要输出的平台有公众号、头条号和朋友圈，有100～200字的朋友圈短分享，也有400～600字的微头条分享，还有2000～3000字的公众号和头条文章。对于不同的输出，会有不同的写作形式，这些都能很好地锻炼自己的写作能力。

公开写作是为了帮助我们更好地输出和传播。如果你只擅于输入，不做输出，等你真正需要输出时，会发现自己的能力跟不上。除了有稳定的输入系统，还要有稳定的输出系统。

另外，还要有反馈系统。公开写作，就是帮助我们连接读者，读者点赞、留言、转发，就是给我们的反馈。这些反馈会帮助我们更好地做选题、取标题、写内容、梳理逻辑等。

写作本质就是穿透人性，帮读者表达，引发他们的共鸣。我们通过分析阅读量、点赞量、留言数、打赏量、转发量、收藏量等这些数据，来提升我们对于文章质量、价值和方向的掌控能力。你会通过一次又一次的读者反馈越来越了解用户，知道他们喜好什么、恐惧什么、认同什么、不理解什么等，这些都帮助你更加了解人性。

写作变现需要你持续输入、输出和反馈，这样你的变现能力才会越来越强，越来越懂用户，你的变现瓶颈才能得以突破，变现才能持续。

作为一个写作者，既要夯实自己的专业能力，洞察市场，把握走向，还要建立写作复利思维，打开自己的多维度变现思维，开拓更多的变现渠道，找到自己的核心竞争力，让自己在市场上能够长久地生存下去，并且越做越好。

第 9 章 终身写作：培养自己成为终身写作践行者

写作最直接的目的，就是把自己培养成终身写作践行者，我写这本书的目的也在于此。如果一个写作者在写作这条路上，没有这样的信念和思维，在我看来是失败的。

终身写作，不仅要把写作培养成一种生活方式，而且要通过写作建立个人品牌，要写出属于自己的书籍。写作绝对是一种复利，看明白这点的人，他一定是一个终身写作践行者，同时，还会鼓励更多人开始写作。

9.1 如何度过瓶颈期,打造持续输出力

写作是一场生命修行,在很多关键节点上都会遇到瓶颈,但只要突破这些瓶颈,生命将得到进一步的升华。

如果你遭遇了瓶颈期,请不要担心,告诉自己:每个写手都会遇到这种情况,我有信心来解决这些。当你抱有这样的心态,问题其实已经解决了一半,接下来就是想办法来解决其他问题。

不少学员会问到这个问题,这时候我会分析他们具体的情况,然后给出相应的解决方案。

比如,有些学员刚起步就遇到写作瓶颈,更多是心态的问题。我会鼓励他们坚持写作,解除他们内在的担忧,让他们更有信心坚持下去。而有些学员写作一段时间后,也会遇到写作瓶颈。这时,更多是内容储备的问题。我会鼓励他们多输入和思考,提升自己的储备量,从而很好地突破瓶颈。

所以,不同阶段突破瓶颈的方式截然不同,认识到自己所处的阶段才能有效地突破写作瓶颈。在这里,分享三种突破写作瓶颈的方式。

✎ 9.1.1 解决心态问题

对一个写作初学者来说,一开始并没有写得很好,会有自己的担忧。当看到别人都写得很出色,又会有心理落差。

那该如何解决呢?《写出我心》中是这样写的:

> 写作时,不要说我将写一首诗,这种心态会使你当场呆掉,尽量不对自己有所期许。坐在桌前说我有写出世上

最烂垃圾的自由,要是你每一回一坐下都期待着要写出伟大作品,写作带给你的只有大大的失望。此外,那份期待也会让你迟迟无法动笔。

写作初学者正视自己能力不足很重要。此时,要调整好心态,告诉自己:只要能够写下 200 ~ 300 字,就是一个不错的开始。

一个成熟的写作者也会遇到写作瓶颈,很重要的一个原因是心态问题。那该如何调整心态突破瓶颈呢?

我拿打游戏做借鉴。很多人小时候都玩过闯关游戏。每个人水平不同,但都会出现一个现象,就是遇到自己闯不过去的时候。如果连续打好多次都是这样,无疑会打击自信心。

这种情况下怎么办?是要提升自己的技术能力,还是分析到底哪方面要再做提升?

都不是,最需要提升的就是自信心,自信心一解决,所有问题将迎刃而解。

我有一个方法,就是让自己倒退几关来打,在低水平的竞技中重新获取自信心。等到自己信心充足时,再来一鼓作气挑战打不过去的那一关。

你会发现这时候不知不觉就打过去了,居然赢了,这种感觉很爽。

突破瓶颈需要的方法很可能就是自我调整,尤其是心态上的调整。心态调整好了,有些问题不攻自破。

无论你写作多久,当遇到瓶颈时,自信心就会出现问题。这时,会被很多外在的干扰因素让自己精力分散。如果能够及时调整好心态,置心一处,瓶颈往往就会被自动攻破。

9.1.2 扩大涉猎范围

很多人写作时遇到瓶颈,是因为自己涉猎的范围太窄。就像你是一个学乐器的,听的曲子太少,那么很难演奏出比较高级的音乐。

我是一个写作者,经常会涉猎各种各样的文章和书籍。看他们写作的选题、风格、手法、逻辑、流畅度等,看得多了、分析多了、总结多了,自己就会打开很多思路。

每当学员问我如何突破写作瓶颈时,我会告诉他们:要扩大自己的输入量,输入决定输出,输入越多,输出才能越顺畅。

一直以来,我很喜欢阅读,除了自身的喜好之外,还有很大一部分就是因为经常做输出。一旦输出多了,自然就需要比较多的输入。所以,平时的阅读储备很重要,不要等到自己写不出了再去弥补,这样会很费劲。

当你涉猎内容足够多时,无论什么题材的文章,到了你这里都能很好地诠释。我觉得这才称得上是职业写手,什么类型都能驾驭,并且写作质量很高。

有句话说得好:功夫在诗外。你所展现出来的内容,都是通过平时多看、多感受、多分析而来,并不是一蹴而就的。

有一次听一个老师分享艺术和美学,听完后感觉提升了自己的审美。写文章也是如此,你也要涉猎高价值的内容,这样才更容易打破自己的边界。

就像我很喜欢阅读名人传记,诸如曾国藩、王阳明、胡雪岩、李嘉诚等。读名人传记会打破你的认知边界,带给你诸多思维上的突破。

要确保自己持续输出高质量的作品,就要加大涉猎范围和输入质量。这样更有利于自己打破思维的盲区,进化得更加高级。

扩大涉猎范围，能够让你由点状思维和线性思维，扩展到树状思维和网状思维，这样你的视角是立体的、全方位的、关联密切的。

9.1.3 提升专注能力

除了以上两个原因，还有就是专注力的问题。写作上遇到瓶颈，是因为自己同时在做多件事情。比如，有些学员同时在学习写作、演讲、时间管理、英语等，精力严重被分散，那么就很难在一个点上挖透。

举例，当我准备做系列课程时，就需要足够专注，这样课程做出来的质量才会更高。相反，一段时间同时着手几件事情，往往会降低自己的效率。本来一个月就搞定的课程，结果3个月都做不出来。这时候就需要放下自己手上其他的事情，提升阶段性的专注力。

针对这个问题，我提供的方法很简单：一段时间做好一件事情。比如，这段时间就是专门来写作的，那就集中精力写作，其他事情先放在一边。等写作这一方面达到既定的目标后，再去忙其他的，这样聚焦的效果反而会更好。

比如，我在训练学员写作时，通常会让他们先写好一个观点，进行单点突破，把一个观点写透彻。如果你有了这样的基础，你发现写3~5个观点也是很轻松的，因为方式是相同的。

雷军刚开始做手机时，不像其他品牌，别人花10个亿做100款手机，而他花1个亿做一款手机。雷军把所有的资源都集中在一款手机上，那么他的专注度就极高，做出结果的概率就变大。

在线下讲课时，我会跟学员分享：要想让自己写作能力在短时间内提升,就需要加大训练密度,专注式练习能很快地提升自己的能力。

作为一个成熟的写作者,一定要聚焦自己的细分化领域,进行密集式练习,这样更容易做出成绩。如果自己想写的内容太多,定位又不精准,即使你很努力,也难在行业内建立影响力。因此,突破瓶颈最关键的点在于是否专注,越专注越有结果。

9.2 培养自己成为终身写作践行者

我自己是一个终身写作践行者,不是因为自己做写作这份事业,而是在写作的过程中,我收获了太多东西。这无疑激发了我对写作的热爱和更深远的追求,同时让我更坚定地走在这条路上。

如果你也有我这样的收获,我相信你也会把自己定位为终身写作践行者。为什么要把自己培养成终身写作者呢?

因为写作带给我们的复利是很多人看不见的。如果你看到了,并做到了,那么你的竞争力将无比巨大。这时候,如果让你放弃写作,一定是不可能的。你会坚持写下去,而且会一辈子写下去,直到生命的终点。

对我来说,写作是一辈子要做的事,我早已立志成为一个终身写作践行者。不仅如此,还要带领更多人成为终身写作者,让他们把写作融入生活,用写作创造更大的价值,并且把写作作为一种生命修行。

这一节中,会重点跟大家分享如何把写作当成一种生活方式。

9.2.1 定下写作中长期目标

每次刚开始写作培训时,我就会让学员定下写作的中长期目标,定了目标才真正有动力。

很多人坚持不下来,就是因为在写作上的目标还不够清晰。他们也觉得写作重要,但一段时间的坚持并没有带来什么改变,就会选择放弃。

对于初级写作者,定目标时,可以量化。比如:100 天内,我要写 100 篇短的分享,然后做成个人作品集。对有些基础的写作者,可以这样来制定目标:6 个月,我要写 50 篇 2000 字的文章,写完 10 万字,成为某个平台的签约作者。

我在定目标时,也会量化。比如,今年我给自己定的两个目标是,一年分享 150 场,写完两本书。目标量化,会让你更清楚自己要做什么,也更容易达成目标。

其次,谈一下写作长期目标,这是写作大方向的问题,也是很重要的。比如,有些人写作的长期目标是写一本自己的书,有些人写作的长期目标是打造个人品牌。

我在开始新媒体写作时,给自己定了一个长期目标,就是做自己的个人品牌。有了这个明确的目标,我就一直在这条路上深耕,直到现在。

写作的大方向,就是要达到的最终目的,也是你写作的意义和价值。有了写作的大方向,就会给到你持续写作的动力。

9.2.2 让写作成为一种生活方式

写作是我的兴趣,也是我的职业,一天中面对最多的事情就是写作,写作已成为我的一种生活方式。

以前我走到哪里都会带着书,空闲时就会阅读书籍。现在也是如此,但多了一个动作,就是看的过程中有了体悟就做总结输出。这么一个附加的动作,让我的思考更有质量和深度。

看电影也是如此,在看电影的过程中,我就开始构思:如果今天看完这部电影,挑一个选题来写,你会从哪一个点切入,写得更深刻、更有感觉、更有传播价值。

2014年元旦,我去丽江旅游,在泸沽湖待了近4天。当我开始回忆整个行程,想要做下一些记录时,发现自己词穷了。很多真实的感受并没有办法直接通过语言来表述,写出来的内容也非常蹩脚,我感到很失落。

那时我就决定,一定要把自己的文字功底练好,这样无论走到哪里,都可以随时、随地、随意、随心输出,这是多么美好的感觉。

现在我真的做到了,在任何场景和场所都可以写作:在火车上、在地铁上、在餐桌上、在公园里、在马路围栏上、在走廊上、在餐厅、在朋友家、在机场、在溪水边、在超市、在家里等。

我很享受这种随时随地写作的状态,给我极大的自主感和安全感,写作已经成为我的生活方式。无论走到哪里,我都会以一个写作者的视角去观察,这样能更深层次地洞察和认识这个世界。

我想有一天你也会成为那个把写作当成生活方式的人,以写作者的视角用心观察这个世界,让自己的生命精彩纷呈。

9.2.3 让自己从写作中不断获益

在做写作培训时,很多人坚持不下来,就是因为没有在写作中看到实实在在的收益。如果他看到了、拿到了,那么驱动力会强很多，写作生命周期会更长。

一个初级写作者和一个写作达人是完全不一样的状态。一个新手，他正在锻炼期、磨炼期，他更多的是在成长，所以他一直会寻求自己写作能力的突破。而一个写作达人就不一样了，他在追求自己写作突破的同时，也在不断强化自己写作变现的能力。

对比两种状态，一定是写作达人拥有更强大的驱动力，因为他能够持续让自己从写作中获益。

当然，我们所说的获益，不一定是实在的收入，还可以是成长、能力、成就感等。

我在开始新媒体写作时，也有几个阶段，让我看到写作实在的收益，使得自己在这条路上走得更坚定。

2017年7月我开始做简书，用了不到一个月的时间，粉丝增加了近两万。基本上2/3的文章都能上简书首页，每天都有600～700的新粉丝。很多大号通过简书找到了我，转载我的文章，这给了我很大的动力。

2017年下半年，我开始做写作付费专栏。通过自己的写作功底和认知能力，我有了写作变现的实力，这种变现让我更清晰写作带来的价值。

2018年上半年，我全面进入写作培训，写作成为我的事业。通过教别人写作让我获得了不错的收入和这份事业带来的成就感。

一个写作新手，一定要让自己看得到这条路上的收益，这样才有持久的动力写下去，不然你很可能会半途而废，不了了之。

一个成熟的写作者，也要通过写作不断给自己建立里程碑事件，不断寻求新的突破。无论是在能力、思维上，还是在更好地变现上，这些都会激励你持续写作更长的时间。

把写作变成看得见的财富和能力,那么你的写作之路会更加顺畅,也会越写越精彩,越写越有价值和意义。

9.2.4 加入一个有温度的写作组织

如果能找到一群志同道合的人,一起来践行写作,比一个人下功夫要好得多。刚开始写作时,我也是一个人,写了一年多,依然停留在写分享、写日记阶段。想想这是不行的,要找到一个写作组织,看看别人怎么写,最好有人专门来教,这样提升才会更快。

为了进一步提升写作能力,我就开始找写作组织,加入之后,短短的一个多月,进步很大,而且认识了不少同频的伙伴。这让我意识到,写作不能只是一个人埋头苦写,而要走出去,找到自己的写作组织。

之后,我组建了自己的写作圈子,提供一个有价值、有温度的写作组织,让更多愿意在这条路上精进的人一起参与进来,通过写作彼此赋能共同成长。

特别是作为一个初级写作者,如果你能找到一些朋友一起来写作,一边写作一边交流,那么你们可以通过写作打造成长共同体。

一群人一起写,比一个人独自写要好多了。他们可以影响你、带动你,你也可以通过自己来影响和带动他们,彼此影响赋能,那么你们的成长就会更快。

我到现在已经做了几十期写作特训营,通过做训练营给大家搭建圈子。做一个好的写作组织可以带给学员很好的氛围,让他们更容易坚持。时间长了,他们就会得到很大的改变,他们自己也能影响到其他人,带领新人一起写作。

9.2.5 耐得住寂寞经得起诱惑

写作是一条非常孤独的道路，因为大部分时间没有人给你喝彩，你只有私底下默默地耕耘。写作是一条内修之路、沉淀之路，可能需要花很长的时间，才能跨上一个新的台阶。它会比较慢，一旦你做到了，就格外有力量。

记得刚开始写作时，我也是一个人，说实话，很孤独。在一年多的时间里，都是一个人在写。在进入新媒体写作后的几个月里，我也是一个人在写。唯有耐得住寂寞的人，才有更广阔的蓝天。

做课和写书就更难一些了，非常需要自己耐得住寂寞。因为每天你都需要确保有一定量文字的输出，这种输出需要长时间的自律，对一般人来说很难。

普通人坚持几天还可以，但坚持几十天就很难了。像我做课、写书时，每天的输出量要有 5000～6000 字，这些文字都要经过精准构思，往往要花 4～5 小时，一般人可能会吃不消。

走上写作培训之路后，我慢慢把写作当作一种生命修行。写作让自己沉下心来、静下心来，开始有那些厚重之物呈现，这是我从写作中学到的非常重要的内容。

写作还要经得起诱惑，你在写作时，别人在看电影、在聚会、在旅行，而你只能在电脑前敲击属于自己的精彩世界。这时，如果你没有强大的定力，很可能就被带走了，要么身体被带走，要么思想被带走。

跟我们做个人职业定位一样，我在做写作培训时，看到别人做时间管理很赚钱，做演讲很赚钱，做个人品牌也很赚钱。但我经得起诱惑，知道自己要做什么，不要什么，放弃什么，才能拿起什么。

所以，沉下心来，踏实写作吧，你会在写作的过程中收获宁静、克制、快乐和财富。

9.3 用写作打造个人品牌，增强个人影响力

个人品牌是近几年来非常流行的词汇，不少人都跨上了个人品牌之路。到底什么才是个人品牌呢？

个人品牌是指个人拥有的外在形象和内在涵养所传递的独特、鲜明、确定、易被感知的信息集合体。简单来说，个人品牌就是想到某个领域的需求，第一时间能够想到你。这是信任度、专业度和知名度的叠加。

比如，在我这个圈子里面，想到写作，大家就会想到Peter。因为我一直在推广写作，教写作。大家有写作的需求，自然会找到我。

可能很多人没有办法打造人人熟知的个人品牌，但完全可以在某个圈子里建立影响力，沉淀属于自己的个人品牌效应。

9.3.1 为什么要打造个人品牌

1. 每个人身上的标签就是个人品牌

举个例子，现在做微商的很多，但真正赚到钱的不多，甚至可以说很少，这是为什么呢？因为没有比较好的信任基础，所以别人不买你的货。人家不买你的货，是因为你身上有些标签是他不认可的。无论你是否愿意，这些标签塑造了你的个人品牌。

很多人对我的印象是自律、极致、死磕、靠谱等，这就是别人给我的标签，时间长了就塑造成了个人品牌。

我也一直通过写分享、做自媒体、讲课等，不断打造身上的这些标签，这些标签都会强化我的个人品牌。

既然这个时代给了我们做个人品牌的机会，为何不早点开始做个人品牌，给自己创造更多机会和价值呢？

2. 好的个人品牌可以更好地变现

美国管理学者彼得斯有一句话被广为引用：21世纪的工作生存法则就是建立个人品牌，不只是企业、产品需要建立品牌，个人也需要建立自己的品牌。

现在讲个人品牌，一般都会跟价值变现联系在一起。好的个人品牌确实能够给自己很好地赋能，增加信任背书，并且更容易变现。作为一个写作者，如果拥有个人品牌，那么你可以通过个人品牌带货、卖课、卖付费社群等来变现。个人品牌能够让你拥有更多合作的机会，实现更多途径的变现。

比如，我经常会接到一些讲课、文案撰写，以及带货的合作邀请。个人品牌让我能够连接到更多人，争取到更多机会，更好地实现变现。

通过个人品牌影响力，我还认识了各行各业的高手。今年还做了高手思想闭门会，彼此学习，彼此链接，这些人都可以成为我的智囊团。认识这些人对我来说本身就是机会，有时候远远超越变现。

这个时代什么都可以被取代，但只要你拥有个人品牌，就拥有了话语权。你会活得很好，赚取财富的能力更强，而且会持续受益。

3. 好的个人品牌可以影响他人的生命

前两年流行一句话：用生命影响生命。我是做个人品牌的人，当然对这句话特别有感觉。

一个经营个人品牌的人，大多数时间在考虑怎么服务好自己的用户，怎么实力宠粉。他想的更多的是，如何用自己的践行来影响他人的生命，让自己变得更好的同时，也让别人过得更好。

我身边有不少个人品牌做得不错的朋友，他们不仅自己生命质量越来越高，还带动了自己的用户不断变厉害。他们给用户树立了很好的榜样，在自己的圈子内形成了不错的能量场。

好的个人品牌是可以影响他人的生命，这才是做个人品牌更高的价值和意义。

9.3.2 如何有效打造个人品牌

1. 找准定位，确定赛道

普通人总是不停地变换赛道，总想找到最赚钱、最喜欢的那一个。抑或是在既定的赛道上平稳运行，不追求最好，也不想做赛道升级，躲在自己的舒适区，干着一眼看得到未来的工作。

优秀的人能够定位好自己的技能，然后沉下心来去做这件事情，直到把它做好。在做事的过程中，不断升级自己的能力和发现更好的市场，挖掘出更多的时间价值。

杰出的人定位好自己的一生之后，会把自己的理想信念全部寄托于这件事情中。不管外在有多大的阻挠和诱惑，始终坚定和坚守在自己的跑道上，直到自己的理想达成。

对于一个运营工作者来说，第一个任务就是确定产品的定位。对于个人品牌来讲，那个产品就是你自己。

在运营领域，有一个特别经典的定位理论：如果你想要让一个产品的品牌对消费者产生影响力，你就应该在预期的客户脑子里，给要卖的产品占据一个真正有价值的地位。

定位是建立个人品牌最重要的基础，定位做好了，个人品牌才能够得以升级。如何才能做好定位呢？在这里分享四个步骤。

第一步，先做自我分析，明确自己的长处和优势，也要明白自己的短处和劣势。

第二步，在自己擅长和感兴趣的领域，给自己设定一个长期目标。也就是明确自己在哪个细分化领域建立个人品牌，以及树立怎样的个人品牌。所谓定位，就是聚焦到细分化领域，简单来说就是在1厘米的宽度上深耕1000米。通过时间的沉淀，树立更有影响力的个人品牌。

这里要强调一个点，我们要调研自己选择领域的时薪和就业规模。比如，市场是否足够大，交易频率是否足够快，交易价格是否足够高，这个行业牛人的时薪又是多少。这些决定了未来自己努力上升的空间有多大。

第三步，拆解大目标。从终极目标里拆分出一个个较短时间内可实现的小目标，同时罗列出实现这些小目标需要的资源和能力。

第四步，一个一个去搞定刚才列出的这些资源和能力，达成阶段性小目标，靠近自己的终极目标。

找准定位，确定要做耕耘的细分化领域，才能在这个赛道上持续输出，积累一个又一个里程碑事件，扩大自己的品牌影响力。

2. 持续写作，强化品牌

作为一个写作者，要想走个人品牌路线，势必要持续写作。只有持续输出优质内容，别人才会对你印象越来越深，你也更能够发挥出个人品牌优势。

我很喜欢一句话：所有的变现都是人格的变现，也就是个人品牌的变现。要想持续积累个人品牌势能，就要加强输出力，让自己能够触达更多人。

针对持续写作，我这边有三个要点。

（1）质量要把关。

通过写作持续打造个人品牌，是非常需要在内容上下功夫的。既要保证定量的输出，又要保障每篇文章的质量。只有在数量上和质量上都下了功夫，才能不断积累品牌势能。如果三天打鱼两天晒网，势必被很多读者冷落；同时，每篇文章质量不一，稳定性也不足，那么读者就会对你失去信心。

（2）话题要聚焦。

写作定位对每一个写作者是非常重要的，不然读者对你的辨识度就很低。比如，我的公众号和头条定位是分享写作知识和个人成长方面的话题，偏移这两个话题都不做分享。这样时间长了，大家对我的辨识度就高，当然就有越来越多的精准用户关注我。这样我的自媒体号黏度就更强，后期变现的价值也就更高。

（3）选择好平台。

刚开始写作，一定要定位好1～2个平台。比如，我刚开始写时，就定位了公众号这个平台。后来精力多一些了,加了一个头条号。现在做公众号已经很难做起来了,但还是要做,所以可以搭配两个平台:公众号＋头条号。平台选择好了之后,就集中精力来输出内容和运营,直到把这个号做出来为止。

3. 借力借势,运营品牌

做个人品牌,脑袋一定要灵活,不能古板、死板。重要的就是学会借力和借势。

借力,是借助平台之力,很多厉害的人之所以能做出成绩,是因为借了上升期平台之力。通过跟平台的合作,带动了自己个人品牌的发展。

借势,是借助热点之势,主要是热点事件和热点人物,借助热点来写作是新媒体写作者的标配。通过热点选到好的视角做传播,会加大你个人品牌的打造。

现在热点搜集的渠道有很多,如微博热搜、百度热搜、头条号热搜等。这些都可以成为你收集热点的平台。当然,捕捉热点对于写作者也是一项高级能力,这需要极其敏锐的热点洞察力。只有借力热点,才能让更多读者注意到你。

借热点之势,有一个重点是价值观要正,价值观如果不正,除了煽动读者外,还会面临被投诉和封号的危险。这将严重影响自己个人品牌的积累。

其次是运营品牌。好的个人品牌,不仅需要持续写作和借力借势,还需要优质的运营。像一些明星,都会有自己的运营团队,就是帮助明星来运营个人品牌的。

比如,我们做自媒体,运营品牌,就是运营自己的自媒体号,通过分析各方面数据,优化自己的内容。像一些大的

IP，他们需要全方位的运营，除了各大平台的内容运营，还需要持续出书、线下推广、参与大型活动等等。

好的个人品牌是运营出来的，个人品牌越强，出场费就越高，圈子就越高端。优质的个人品牌会大大赋能你的事业，让你的知名度和影响力更上一层楼。

9.3.3 如何持续强化个人影响力

1. 在核心平台持续输出优质内容

持续强化个人影响力，需要把握一个关键点，就是在核心平台持续输出优质内容。有人擅于写公众号，有人擅于写头条，也有人擅长写微博。把握好一个核心平台，坚持做优质内容输出，就能带来持续的影响力。

这个时代是属于那些优质内容创作者的。如果你能够深耕好一个平台，持续做出好的内容，不仅能强化个人影响力，还能够带给自己很多的机会。

2. 做付费社群用心服务重点用户

只是写作，还是不行的，跟用户还存在着很远的距离。我在没有做付费社群时，根本就没有这个意识，以为写文章就可以深层次影响读者了。后来，我做了付费社群，把读者变成了学员，才感知到跟学员之间的距离又近了一步。

用心服务好你的用户，才能够更深层次地影响他们，让他们成为你的铁杆粉丝。只有跟用户产生付费关系，他们才会跟你靠得更近，一起携手走得更远。你也能在用户心中真正意义上产生影响力，受到他们的欢迎。

3. 多线下见面近距离地影响用户

有一次线下聚会，我邀请了 8 个付费学员来参加，见面聊天时才发现彼此之间依然很陌生。虽然通过线上影响了很长时间，但他们对我依然没有太大的信任度，还需要进一步沟通才能深层次对接。原来影响用户不能仅停留在线上，还需要用线下见面的方式来深化。这种贴身式的影响，远远比只是在线上交流要好得多。

有些让我欣赏的老师，我也会付费去学习，跟他们见面，近距离地受他们影响。我发现这样做了之后，对他们更了解，学的东西更深入。所以，我很愿意多跟用户线下见面，近距离地影响他们，彼此产生更深层次的链接。

这是一个非常好的时代，每个人都有机会建立自己的个人品牌。只要你能找到合适的平台和方法，就能写出生产力，写出影响力。

9.4 人人都要写一本书，开启终身写作之旅

这是本书最后一篇文章了，我最想跟你说的就是：动手开始写一本属于你自己的书。

事实上，人人都有出书的梦想。我要鼓励你，大胆地跨出这一步。写书，对很多人来说是一个里程碑，对我来说也是。

写书确实很锻炼人，能够很好地磨炼自己的心性，同时还能让自己变得更细心、更敏锐。

写这本书帮助我对写作整个知识系统做了进一步梳理，让我明确自己一定要写一本专业书籍。在写书的过程中，我也坚

定了自己要成为一个持续写书的作者。

这不仅是一个写作者的身先士卒,而且给我们社群的很多伙伴做了示范,让他们知道:每个人都可以写一本书,只要你真正下定决心。

写书是开启终身写作的必备法宝,给自己下个决心,开启自己的写书之路。

✏ 9.4.1 定一个写书的目标,加强写作内驱力

自从跨入新媒体行业,我发现身边有不少有能力、有才干的人,但出书的人却是少数。有些人很有才华,十年前就想出书了,但一直没有行动。

我在大学毕业第一年,就有一位修行老师跟我们说过:"你们一定要写一本书,即使这本书无法出版。写书可以磨炼你的意志力、行动力、忍耐力,还可以锻炼自己系统能力、框架能力、逻辑能力,写书本身就是一种很好的自我修行。"

直到若干年以后,自己开始写书时,才深深地理解这位老师说的话。

给自己定一个写书的目标,限定时间完成,出书无疑会给你强大的写作内驱力。

很多人认为写书离他太遥远,也认为写书之路太过艰难,这些都是正常的心理。写作之路,如果不以出书作为目标,那么自然不够坚定,终身写作也会与你擦肩而过。

在写文时,很多人都觉得很艰难、很痛苦、很难坚持。写书就更艰难,更痛苦了,甚至有无数次想要放弃。但当你熬过这些艰难时刻,看到自己写完的书,就会异常欣慰、激动。这就是你的代表作,是自己孵化出来的,是自己累积许久打磨出

来的,你会为此敬佩自己。

定个写书的目标,这样你写作的动力就会更大。目标高,才更值得去努力。

9.4.2 人人都要写一本自己的书

当我着手写这本书时,就有了这个感慨:人人都要写一本自己的书。

写书不在于赚多少版税,而是一场勇气之旅,面对自己更深层、更脆弱、更真实的勇气。这种勇气,就是一场自我蜕变,是一次新的重生。

当我告诉自己一定要写本书时,就开启了一场勇气之旅,这是一次新的自我挑战。我在推广写作时,一直把"写作"和"修行"联系在一起,认为写作就是一种生命修行。

这跟我这几年的禅修经验是分不开的,写作是灵魂的禅修,禅修是灵魂的写作。写完一本书,就感觉是完成了一次独自淬炼的深度工程,你会再次审视自己的生命,不再畏惧外界对你的批评了。

当然除此之外,出书还会助你提升事业价值和个人影响力。

像李笑来、古典、秋叶、李欣频这些人,都是通过出书提升了他们的影响力,给他们的事业增添了很多新的机会。比如,李笑来通过出版书籍,直接实现了财务自由,这是他以前在新东方做老师时根本不可能实现的。

一个人出书还可以带动自己的能量,能量强了,一切都可以心想事成,资源和财富都会向你靠近。

我有一个朋友就是如此,出书之前,四处推销自己,但没有多少人回应。出了书之后,就陆续接到一些不错的合作,走到哪里别人都会高看他一眼，现在自己创业活得还不错。

出书可以带动自己的个人品牌，让更多人了解你、信任你，自然别人也更愿意为你埋单。出书是目前做个人品牌的绝佳方式。

9.4.3 为写第一本书做些积累

如果你是写第一本书，那么我希望你要做些积累，这样写得会更好，当然，卖得也会更好。

第一，积累一些个人影响力。有影响力的人比没有影响力的人，在写书和出书上更有优势。如果你有影响力，出版社会主动找你，出书会更顺利。如果你有影响力，书写完之后，销量你不会特别担心，不会出现书写完了卖不出去的结局。如果你有影响力，你的版税还会比别人更高一些，你更有谈条件的资格，当然，你的底气也会更足。

第二，积累一定的专业知识。如果你想出专业书籍，那么对个人的专业知识储备是极其考量的。储备越足，践行越多，写出来的干货就越多，价值也就越高。如果你专业知识储备少，那么你写起来会很痛苦，你会遇到很大的阻力。

第三，养成每日输出的习惯。每天无论多忙，我依然会输出 2000～3000 字，这是很稳定的。如果你把自己定位成一个出书的作者，每日坚持输出是很有必要的。我们常说：高质量输出倒逼输入和思考。只有写得多了，你才能驾驭各种类型的文章，写起书来才能毫不费力。

第四，了解市场找准目标用户。写书，不仅是为自己写，更重要的是为读者写，只有读者需要并受益，你的书才有好的销量，才能产生更好的影响力。作为一个写作者，要了解市场，获取用户的反馈，知道他们需要什么样的内容。这样你在策划一本书时，才能找到更多需要它的人。目标用户越多，你的书越受市场欢迎，写书带给你的商业价值也就越高。

因此，写第一本书时，不要太盲目，不要为了写书而写书。当你真正了解自己为什么出书，以及出一本什么样的书时，我相信你获取的市场反馈也就越好。

✎ 9.4.4　开启终身写作之旅，永葆创作热情

《史蒂夫·金谈写作》里提道："当你发现自己有某方面的才华时，你可能为此练习到指头流血、眼睛脱窗。每次练习都像是一场完美的演出，就算是没人欣赏，你仍会乐此不疲。阅读和写作就像学乐器、打棒球、练短跑一样，同样都需要努力地练习。我建议每天至少花四到六小时来阅读和写作……持续的阅读，在不知不觉中可以引导你进入一个渴望写作的情境。"

开启终身写作之旅，必然要让自己保持创作的热情。作为一个写作者，事实上很有优势。当你看一本书，看一部电影，甚至是跟人聊天，只要你有好的想法和感悟，都可以写下来，发在自己的自媒体上，跟成千上万的人来分享你的思想。

写作是如此方便，如果你能经常跟读者互动，这会大大增加你创作的热情。那些真正在写作上受益的人，他们一辈子都不会放弃写作，他们深知写作分享对他们的真正意义。

每当创作遇到阻碍时，我就会去翻翻新奇的书，看看经典的电影，甚至是出去旅行，这些都会给自己持续创作的灵感和热情。

作为一个终身写作者，你必须要先成为一个好的读者、好

的观众,当你在看书或者看电影时,问问自己:哪些画面、哪个句子、哪个点触动到了我?然后去分析背后的原因。你需要把自己培养得足够敏锐,去感知那些在你内心留下斑斓的部分,去分析它,要有一种打破砂锅问到底的精神,这样你才能把这些东西借用到你的写作中,去触动读者。

我最喜欢的一句话:最伟大的成就,来自于最长的时间和最大的耐心。

写作,对我来说就需要时间和耐心,特别是写一部好的作品,更是如此。写作于我是修行,终身写作也就是终身修行。我将带领更多人跨入这条终身修行之路,让自己成为独一无二的生命版本,期待与你在这条路上同行。

致谢 Thanks

从 2017 年开始自媒体写作，就想着有一天要写一本书出来。后来从事写作培训，就思考要写一本关于写作的。如今这个想法落地了。

在从事写作培训的过程中，我要感谢那些给予我支持和帮助的人，特别是我的写作团队伙伴慧子、吴佩纯、森森和孙杰。没有他们一如既往的支持，我也不可能走到现在，也不可能把写作培训当成终身事业。

除此以外，还要感谢我的学员们，他们也是我写下去的重要动力来源，如：奚晓华女士、谢东情女士、李花平女士、房彩云女士、房军先生、王雪榕女士等。在此，我要对他们表示衷心的感谢。

在这里，也要感谢我写作路上的引路人胡大平先生和吕江禹呈先生，他们让我跨上了写作这条路。

在本书的创作和出版过程中，我得到了很多朋友的鼓励与帮助。弘丹女士帮我对接了出版社，写书哥张增强先生给予我写书的指导，并且给我对接出版社方面的资源。在此，我要向他们表示诚挚的感谢。

最后我要感谢我的家人，尤其是我的太太。在本书的写作过程中，他们给予我很多鼓励和帮助。没有他们的支持，我很难如期完成这本书的写作任务。